仕事や日常で使える

7つの心理法則

図解でわかる! NLP超入門

米国NLP協会認定トレーナー
加藤聖龍

はじめに

この本を手にとってくださって「どうもありがとう！」

ＮＬＰは、物事をうまく進めている人たちのエッセンスを心理学的、言語学的なアプローチから捉え、誰もがそのパターンにそって使いこなせるように体系化したものです。

この本はＮＬＰ（神経言語プログラミング）の超入門書であるとともに、あなたが日常やビジネスでのコミュニケーションにおいて直面する問題に対して、あなた自身がどのようなあり方で対処していけばいいのか、というヒントを事例とともにイラストや図をふんだんに使って、わかりやすく解説してあります。

超入門書とはいえ、すでにＮＬＰを学んだことのある人にも改めてＮＬＰのシンプルな構造を理解していただくことができるようになっています。また、読んだ人が無意識のうちにＮＬＰの要素を受け取れる仕組みにもしてありますので、経験者の方はそれを探してみるのもおもしろいかもしれません。

しかし、あえて紹介しなかったＮＬＰスキルも多く存在します。ＮＬＰの基本といわれる「ＮＬＰプラクティショナー資格認定コース」で学ぶスキルのすべてを語っているわけではないのです。

なぜなら、この本の目的は、あなたが他の人との関わりの中で受け取ったり、受け取られたりするメッセージや感覚を、より有効なものへと昇華させるのに役立つＮＬＰのスキルをお伝えしたいから。

つまり、本書はＮＬＰの「マニュアル」や「参考書・教科書」ではなく、あなたがほんの少しだけ今の自分と違うことをするだけで、どれほど自分やまわりがよい方向に変化するのか、それを知るきっかけを与えてくれる「ヒント集」なのです。

そのヒントにはただものではない効力が隠されています。
ぜひ、楽しみながら実践してください。

あなたがそのヒントの数々を、最初のうちはちょっぴり意識して使うことで、驚くほどの違いが生み出されていきます。そして、そのうちに意識することなく使いこなせるようになっています。

〝たった今から人生を変える〟素敵なNLPの法則を使って、多くの方がこの瞬間から新しい人生を切り開いていけるのならば幸甚です。

米国NLP協会認定トレーナー　加藤聖龍

CONTENTS

第2章 相手に受け入れてもらう「会話」の法則

第3章
相手の本音を理解できる「質問」の法則

第4章

相手を動かす「誘導」の法則

第5章

心を整理する「視点」&「五感」の法則

第6章

ひとまわり成長する「手放し」の法則

第7章 過去と未来を活用する「時間軸」の法則

第8章 なりたい自分になれる「成功」の法則

第1章

「NLP」ってどんなもの？

日本語で「神経言語プログラミング」と訳されるNLP。人の脳に組み込まれた、行動や感情のパターンなどに注目し、よりよい人生を歩むために役立てるスキルです。まずこの章では、基本となるNLPの考え方をご紹介していきましょう。

NLPってどんなもの?

幸せになるヒントがつまった成功心理学のテクノロジー

よりよい人生のための実践的なスキル

NLPは「神経言語プログラミング」と訳されます。Nは「神経（Neuro）」。脳の働きを含めた五感を意味します。Lは「言語（Linguistic）」。言語や表情、動作などの情報です。Pは「プログラミング（Programming）」。人の脳に組み込まれた行動や感情のパターンです。NLPはこれらの関係性に注目し、よりよい人生に役立てるものです。

「五感」と「言語」による体験が脳の「プログラム」を作る

（例）プレゼンがうまくいかなかった経験がある

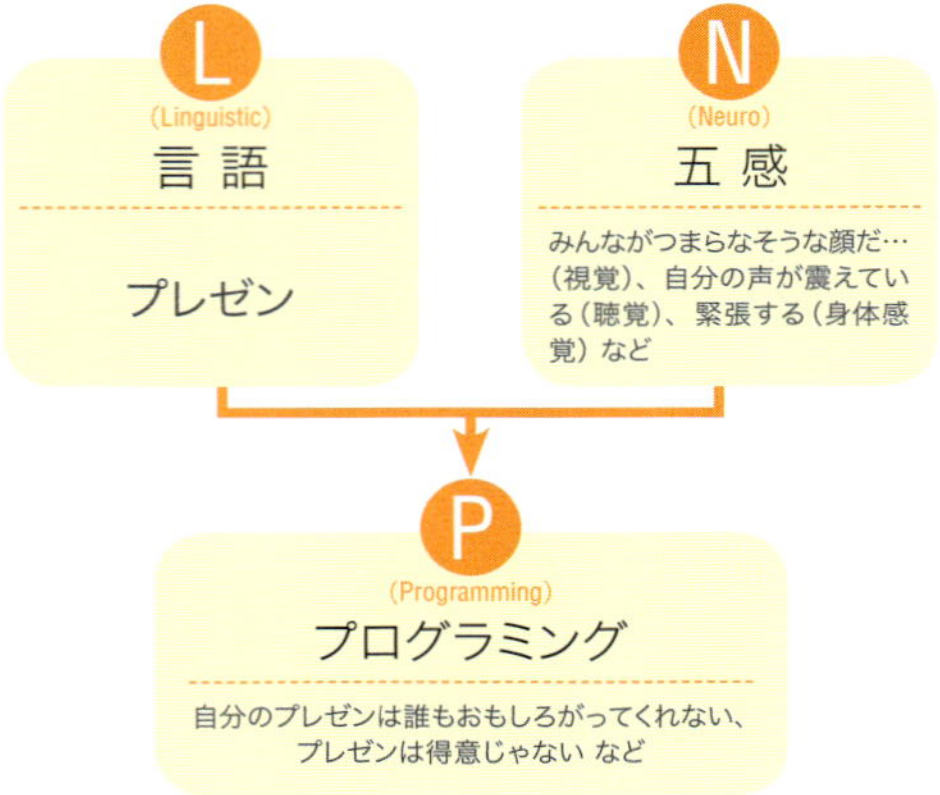
L
(Linguistic)
言語
プレゼン
N
(Neuro)
五感
みんながつまらなそうな顔だ…（視覚）、自分の声が震えている（聴覚）、緊張する（身体感覚）など
P
(Programming)
プログラミング
自分のプレゼンは誰もおもしろがってくれない、プレゼンは得意じゃない など

「五感で受け取った情報」と「言語（非言語を含む☞P.127）」をもとに、脳ではプログラムが作られます。NLPでは、このプログラムそのものを書き換えます。脳に「プレゼン＝苦手、キライ」とプログラムされていても、「プレゼン＝自分を活躍させる手段」というプログラムに換えられるのです。

こんなあなたの生き方、考え方を よりよく変えることができます

人間関係に悩んでいる

上司、部下、同僚、友人、親子、恋人、夫婦など、人間関係がうまくいかないと悩んでいるあなた。自分の捉え方を変えることで、相手への見方や対応の仕方が変わってきます。

プレゼンやスピーチが苦手

人前でしゃべるのは苦手なあなた。苦手意識を克服し、誰もが耳を傾けてくれやすい話し方や姿勢、間の取り方など、パブリックスピーキング力を上げるテクニックが身につきます。

営業成績が上がらない

一生懸命やっているつもりなのに、結果がついてこない…。NLPのコミュニケーション術や時間管理術を身につければ、あなたも今日から敏腕営業マンに変われます。

「うまくいかない…」が口ぐせ

いつもうまくいかない…。NLPにおいては「失敗」という概念はありません。すべてが成功への過程に過ぎないのです。あなたはもっと自信に満ちた自分になれます。

NLPを使いこなせば あなたの「人間力」がみるみる高まる！

3人の天才セラピストを研究して生まれた

セラピー用の言語モデルがNLPの原型

NLPの誕生は1970年代中頃のアメリカです。心理学と数学を研究していたリチャード・バンドラーと言語学の助教授であったジョン・グリンダーの2人によって生み出されました。

その当時、劇的な治療成果を誇っていたセラピストたちが精神的なトラブルを抱えているクライアントに対してどのようにアプローチしているのか、使う言葉づかいや言語パターン、発声の仕方、身振り手振り、表情、姿勢などを徹底的に研究し、そのモデルを体系的にまとめあげたのです。これがNLPの原型となりました。

以後、セラピーにとどまらず、誰もが幸せと成功のために使えるコミュニケーションモデルとして、NLPの活用フィールドは広がり、今も進化し続けています。

NLPの創始者 リチャード・バンドラー博士

バンドラー博士は、NLPを生み出した創始者の一人。博士は40年以上にわたってNLPを世界中で100万人以上の人に伝え、現在もなお活躍の幅を広げています。人生を輝かせ、喜びにあふれさせるために、NLPを活用してほしいと博士は願っています。

Photo used with permission of John La valle and also have Richard's website: www.RichardBandler.com

心のスペシャリスト3人が最初のモデル

NLPにおける言語体系の最初のモデルになったのは、天才的なセラピストたちです。

過去ではなく〝今〟に注目する「ゲシュタルト療法」のフリッツ・パールズ。その人の問題は家族の問題であると捉える「家族療法」のバージニア・サティア。この2人をモデルにした言語体系が最初に作られ、その後、相手の心を自然に引き出す「催眠療法」のミルトン・エリクソンをモデルに言語体系がまとめられました。成功者には共通する言語や表現の法則があったのです。

3人の天才的セラピストと体系化された言語モデル

フリッツ・パールズ《ゲシュタルト療法》

ユダヤ人の精神科医。ゲシュタルト療法は東洋的な瞑想や精神統一の体験が取り込まれ、過去にとらわれることなく、「今ここで何をするか」に主眼を置いて、精神的な健康を目指す治療法です。

バージニア・サティア《家族療法》

アメリカ人の心理療法家。家族療法とは、家族の一人に起こった問題は、個人の問題だけではなく家族がお互いに影響を与え合う間で起こり、解決もまた一緒に目指していく精神的な治療法です。

→ NLP最初の言語モデル **メタモデル** (☞P.88)

ミルトン・エリクソン《催眠療法》

アメリカ人の精神科医、心理療法家。アメリカ臨床催眠学会の創始者。催眠によってクライアントに抵抗感を与えずに問題を解決し、クライアント自らが行動できるよう働きかける治療法です。

→ **ミルトンモデル** (☞P.102)

NLPの特徴①

幅広いフィールドで活用できる成功のための万能ツール

柔軟性が高くどんな人でも活用できる

NLPは〝言語学〟〝神経学〟〝生理学〟〝心理学〟〝脳科学〟〝数学理論〟〝コンピューター理論〟などと密接に結びついた実践的な成功心理学です。

言語と神経の関係性をベースに、人間の生理的な反応などが軸になっているため、どんな人でも活用することができ、さらに相手にも合わせて自在にカスタマイズしていくことができます。

幅広い学問領域と関連するNLP

NLPは言語学と神経学をはじめ、脳科学からコンピューター理論まで、幅広い学問と密接しています。ただし、学問としてよりも実践的に使えることが重視されています。

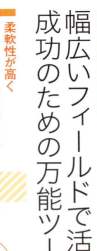

幅広い分野で成功する NLP習得者

1970年代にアメリカで誕生して以来、NLPは世界規模で習得者が増えています。

NLPの習得者は卓越したコミュニケーションスキルやイメージトレーニング力などが身につくため、多方面で活躍することができます。

日本国内でも企業経営者、ビジネスパーソン、政治家、弁護士、スポーツ選手、医療従事者、教育関係者、セラピスト、芸術家など、あらゆる分野の人々に活用され、多くの成功者を輩出しています。

あらゆる立場の人に適用できる カスタマイズ自在な成功ツール

例えば…
ビジネスマンの場合

企画力やプレゼン能力、相手との交渉能力が身につき、新規事業の立ち上げや営業成績の向上などの成功を修めることができます。

例えば…
スポーツ選手の場合

イメージトレーニングとして成功体験をすることで、実際の身体能力も飛躍的に向上したり、精神面での安定を図ることができます。

NLPの特徴②

スピーディな問題解決力が身につく

長年の悩みも一瞬で解決できる

ＮＬＰの大きな特徴として、問題解決のスピードがとても早いことがあります。一瞬で長年悩んできた問題が解決することも少なくありません。しかも、苦痛をともなわずにです。

それはなぜか。ＮＬＰでは〝問題〟や〝原因〟〝過去〟を蒸し返すのではなく、〝解決〟や〝手段〟〝望ましい未来〟に焦点をあてるからです。

NLPにおける問題解決の考え方

Let's Try!!

あなたが抱える問題について

- その問題をずっと考えていたら、あなたの未来はどうなってしまいますか？
- その問題があなたに与えている恩恵（＝肯定的な意図）を探してみてください。
- 問題がなくなったら、どんな幸せな未来が訪れますか。その未来で何が見え、聞こえ、感じますか？
- 未来のあなたはすでにその問題を乗り越えています。じゃあ、そのために今何ができますか？

重要なのは過去や問題ではなく「幸せな未来」と「解決手段」

NLPの特徴③

役に立たない思い込みをなくして飛躍できる

あなたの幸せを邪魔する思い込みをなくす

〝信念〟というと聞こえがいいですが、内容によっては〝独りよがりの思い込み〟で、自分を制限してしまっていることも。

NLPでは、そんな役に立たない思い込みやそれにともなう思考、行動パターンをなくす、あるいは役立つものへと変化させることができます。もちろん、役に立つ信念は、さらに広く活用できるようになります。

自分を制限している思い込みから解放される

「しゃべるのは得意じゃない…だから、プレゼンはできない！」

＝

これは単なる思い込み

思い込みをなくせばもっと「自由」になれる

自分を制限してしまう役に立たない思い込みをなくし、もっと自由にそして幅広く活躍できる自分になることができます。

NLPの特徴④

現実と想像を区別できない脳の性質を利用する

イメージするだけで脳は勝手に反応する

好きな人のことを思い浮かべるだけで、なんだか顔がにやけちゃう。そんな経験をみなさんもお持ちではないでしょうか。

その相手が目の前にいなくても、頭の中で想像するだけで、体は素直に反応してしまうもの。〝脳は現実でも想像でも同じ神経細胞が反応する〟のです。NLPでは、この脳のシステムをうまく活用していきます。

現実も想像も
脳は区別がつけられない

現　実　　　想　像

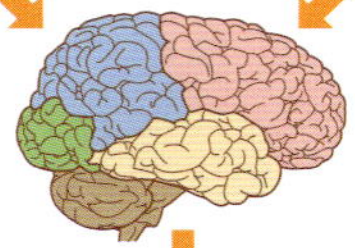

同じ「神経細胞」が反応する

好きな相手のことを考えていると、自然と顔がにやけてくるのは、脳が現実と想像を区別できないから。NLPでは、あえてこの仕組みを人生に役立つように活用していきます。

NLPの特徴⑤

意識の深いところにアクセスできるようになる

潜在意識に働きかけ新しい能力を発揮する

意識には〝顕在《けんざい》意識〟と〝潜《せん》在《ざい》意識〟という領域があります。顕在意識は、日常生活において本人が気づいている意識のこと。潜在意識は、本人が気づかないところで行動を左右する意識のことで、今までのあらゆる体験の記憶が蓄積されています。

NLPでは、この潜在意識に働きかけて、思考や感情、行動に変化を起こします。

潜在意識に働きかけて変化を起こす

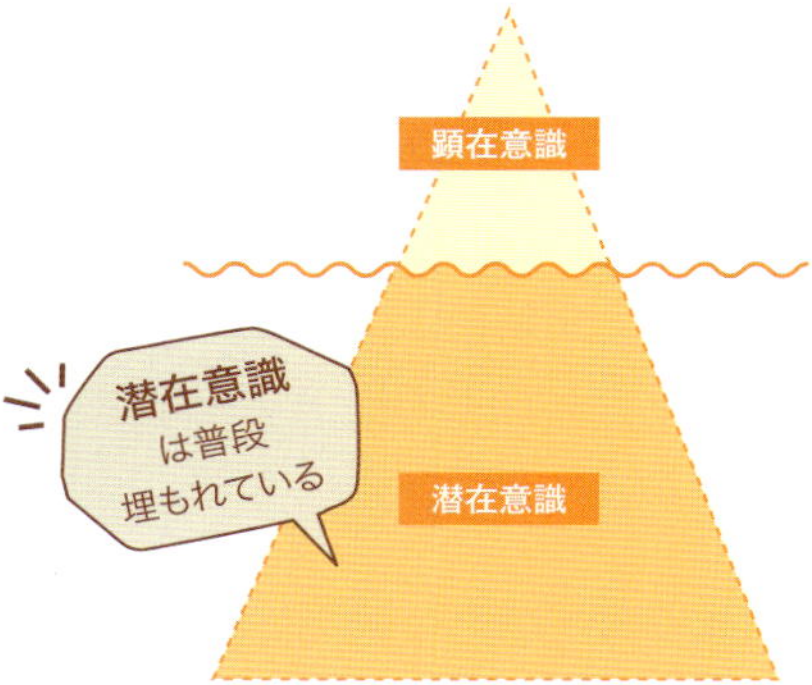
顕在意識
潜在意識
潜在意識は普段埋もれている

意識には「顕在意識」と「潜在意識」があります。NLPでは深いところにある潜在意識にアクセスして、思考や行動を変化させることができます。

「潜在意識」に働きかけるから人生そのものの質が変わってくる

NLPの基本的な考え方を知っておこう

NLPのエッセンスが"前提"にまとめられている

NLPには"前提"と呼ばれる、NLPの哲学とでもいうべき基本的な考え方があります。

NLP共同創設者のリチャード・バンドラー博士が掲げている前提は8つあります。本書でも個別のスキルをご紹介する前にまとめておきましょう。

NLPのさまざまなスキルのベースはすべて、ご紹介する"前提"に基づいています。

NLP 8つの前提

❶現実の体験の内容を変えるより、現実を体験するプロセスを変化させる能力のほうが価値があることが多いのです(☞P.25)。

❷コミュニケーションの意味は、あなたが受け取る相手からの反応にあります(☞P.26)。

❸周りの環境や自分たちの行動に対して、人間が識別できることはすべて、視覚・聴覚・身体感覚・嗅覚・味覚を通じて効果的に表現することができます(☞P.28)。

❹人が変化を起こすために必要なリソースは、すでにその人の中にあります(☞P.30)。

❺地図は領土ではありません(☞P.32)。

❻人の肯定的な価値は一定です。その一方でその人の内側と（もしくは）外側の反応が、価値があり適切かどうかが問われるのです(☞P.34)。

❼すべての行動にはそれを起こさせる肯定的な意図があります。また、すべての行動にはその価値を活かせる状況があります(☞P.36)。

❽フィードバック VS 失敗ー与えられた仕事や状況に対して、それが望んだ結果であってもなくても、あらゆる結果と行動は成功なのです(☞P.38)。

8つの前提①

現実は変えられなくても受け止め方や行動は変えられる

変えられるのは自分のマインドのみ

ひとつ目の前提は、〝現実の体験の内容を変えるより、現実を体験するプロセスを変化させる能力のほうが価値があることが多い〟というものです。

「上司にイヤミを言われる」とグチったところで、現実はなかなか変えられません。それよりも、自分の思考や感情を変化させるほうが、望む結果を生み出す近道になります。

自分の思考や行動を
変化させることが大事

現実の内容 → 簡単に変わらない

しかし

自分の受け止め方や
行動を変えることは可能

前向きに！
前向きに！
あなた
資料のまとめ方も
知らないの？

小言を言われた時、相手は自分の成長を促してくれているんだと受け止めるなど、自分の感情を変化させることで切り抜けることができます。

8つの前提②

コミュニケーションで大切なことはあなたが受け取った反応にある

相手に伝わってはじめてコミュニケーション成立

前提の2つ目は、〝コミュニケーションの意味は、あなたが受け取る相手からの反応にある〟というものです。

あなたがどんなに伝えたいことを一生懸命話したつもりでいても、相手にきちんと伝わっていなければ、残念ながらコミュニケーションとしては成立していません。相手の反応をきちんと見極めることが大切なのです。

コミュニケーションとは何か?

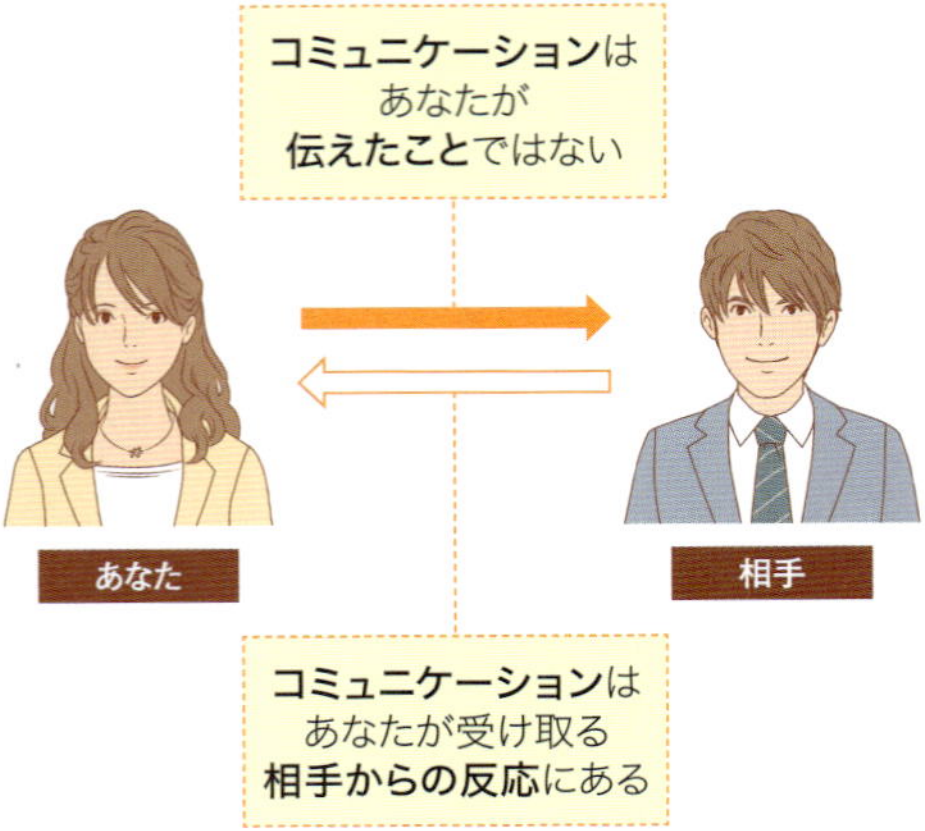

相手にいかに伝わったか
それが「コミュニケーション」のポイント

相手の反応を見極めて実りある会話を

時に会話の途中で、相手がぽかんとしていたり、別のことに意識が向いていると感じることはありませんか？

実はそんな状態を〝察知する力〟こそ、コミュニケーション能力の基盤といえるでしょう。それには、相手をよく観察することが必要です。

コミュニケーションをとる時に、相手の反応があなたの望む反応とギャップがあるようなら、違うアプローチで伝えることを試みましょう。そうすることで、自然と会話は弾んでいきます。

相手に話が伝わっていない時のサイン

- ぽかんとしている
- 適当にうなずいている
- なんだか落ち着かない
- 話に興味がなさそう
- 話を終わらせたがっている
- うすら笑いをしている
- イライラしている
- 不安そうにしている
- 別の話をしたそうにしている

あなたがしゃべりたいだけしゃべっても、相手がそれをきちんと受け取って反応していなければ、コミュニケーションは成立したことになりません。

8つの前提③

すべてのことは五感を通じて受け止め五感を通じて表現している

五感を意識することがNLP習得の近道

〝周りの環境や自分たちの行動に対して、人間が識別できることはすべて、視覚・聴覚・身体感覚・嗅覚・味覚を通して、効果的に表現することができる〟というのが3つ目の前提です。

とても当たり前のことですが、案外意識していないかもしれません。改めてこの前提を意識することでNLPを深く理解し、実践していく手助けになります。

五感の働き

視覚
Visual

目と目につながる神経の働きから得られる光刺激によって生じる感覚。色や形、大きさなどの情報を認識します。

聴覚
Auditory

一定範囲の周波数の音波を感じて生じる感覚。音やトーン、リズム、言語などの情報を認識します。

身体感覚
Kinesthetic

皮膚や内臓などの細胞の受容体を通じて知覚される感覚。温度や材質、肌ざわりなどの情報の認識。感情を含める場合もあります。

嗅覚
Olfactory

揮発性の化学物質の刺激を受けた時ににおいを感じる感覚。さまざまな香りの情報を認識します。

味覚
Gustatory

風味を感じる感覚。甘味、酸味、塩味、苦味、旨味などの情報を認識します。

NLPにおいて、「**嗅覚**」と「**味覚**」は「**身体感覚**」の一部と捉え、「**視覚**」「**聴覚**」「**身体感覚**」の3つをもとに優位感覚の傾向を判断します。

五感で知覚することはあなただけのもの

見る・聞く・感じる・におう・味わう…。私たちは、外界におけるすべての物事を〝五感〟を通じて知覚しています。そして、表現しています。

五感こそ、人とは違うあなただけの〝感覚〟と〝解釈〟であり、それを意識する大切さをこの前提では伝えています。同じ体験をしても、いろいろな感じ方をし、さまざまな感想を持つのはこのためです。

NLPには、五感の仕組みをベースにしたスキルがたくさんあります。

五感をコントロールしてできること

- 相手の優位な感覚に合わせて、コミュニケーションを図れる（☞P.52）。
- 視線の動きで相手がアクセスしている感覚を推測できる（☞P.60）。
- 苦手なものを克服できる（☞P.144）。
- イヤな思い出に対する感覚を変えられる（☞P.175）。
- いい気分や状態を瞬時に作ったり、増幅できる（☞P.192）。
- 成功体験をし、成功への道に近づく（☞P.176）。

「五感」を意識的に活用することでより豊かな人生を送れる

8つの前提④

物事を達成するために必要なものはすでにあなたに備わっている

あなたにはすでにたくさんの資質がある

4つ目の前提は、〝人が変化を起こすために必要な資質（リソース）は、すでにその人の中にある〟というものです。

「○○がないから、自分にはそれを達成できない」。そんなふうに思うことはありませんか？

しかし、その○○自体、もしくは○○を手に入れるための〝資質〟は、すでにその人に備わっているという考え方です。

すでにたくさんの
リソース
を持っている！
優しさ
几帳面さ
思いやり
仲間
責任感
家族
抱えきれない…

目標を達成したり、よりよい自分に変化するために必要な資質（リソース）はあなたの中にすでにそろっています。いつでも取り出して活用していきましょう。

KEYWORD 【リソース】

生理的反応・状態・考え・戦略・経験・人・体験・所有物など、望ましい結果を得るために役立つあらゆる資質のこと。NLPでは、必要なリソースはすでに備わっていると考える。

足りないリソースは引き出し＆追加できる

物事を達成するために必要な資質のことを〝リソース〟と呼んでいます。リソースには、責任感・集中力・勇気・行動力・思いやり・ユーモアといった〝内的なリソース〟と、家族・仲間・お金・住まいといった〝外的なリソース〟があります。現状で足りないリソースはあるかもしれませんが、それを手にする手段は持ち合わせています。

ＮＬＰでは、意識の深いところにあるリソースを引き出したり、ほしいリソースを自分の中に落とし込むスキルがあります。

内的なリソースと外的なリソースの例

内的なリソース		外的なリソース	
＊責任感	＊やさしさ	＊家族	＊恋人
＊集中力	＊忍耐力	＊仲間	＊人脈
＊勇気	＊積極性	＊お金	＊土地
＊行動力	＊知識	＊住まい	＊キャリア
＊思いやり	＊技能	＊情報	＊衣服 など
＊ユーモア	＊知恵 など	＊職業	

Let's Try!!

あなたが持っているリソースを
できるだけたくさん書き出してみましょう。

「リソース」は増幅させたり他の人からもらったりすることができる

8つの前提⑤

あなたが知覚しているものと実際のものとは違う

知覚しているものがすべてではない

〝地図は領土ではない〟というのが、5つ目の前提です。

地図を頼りに目的地にたどりついたものの、その場所が新しい店舗に変わっていたというのはよくある話です。地図はあくまでも単なる記号であって、実際のものとは違うのです。

あなたが捉えている世界が〝地図〟で、実際の世界が〝領土〟に該当します。

同じものを見ても人それぞれ受け取る内容は違う

同じ商品A
商品
A
を見た時
とても
やわらか
そうだね
キレイな
色だわ
私には
必要ないなぁ

同じものを目の前にしても、人それぞれ受け取る内容や感じ方は違います。これはそれぞれ固有のフィルターで世界を眺めているからです。

お互いの〝地図〟を共有し お互いの世界を広げよう

人は自分だけの〝地図〟を持って生きています。〝地図〟は価値観と置き換えてもいいでしょう。

コミュニケーションを例にすれば、そこには自分と相手の2種類の〝地図〟が存在します。2つの〝地図〟を共有しなければ、目的地に一緒にたどり着くことはできません。相手の〝地図〟を知ることで、コミュニケーションは成立するのです。

自分と相手の〝地図〟は違うことを理解したうえで相手の〝地図〟に理解を示せば、自分の〝地図〟も広がっていきます。

地図は領土ではない

自分自身が捉えている世界（地図） ≠ **実際の世界（領土）**

「地図は領土ではない」というのは、自分自身が捉えている世界（＝地図）は、実際の世界（＝領土）とは異なることを示唆しています。

「地図」を豊かにすれば「現実」もよりよく変化する

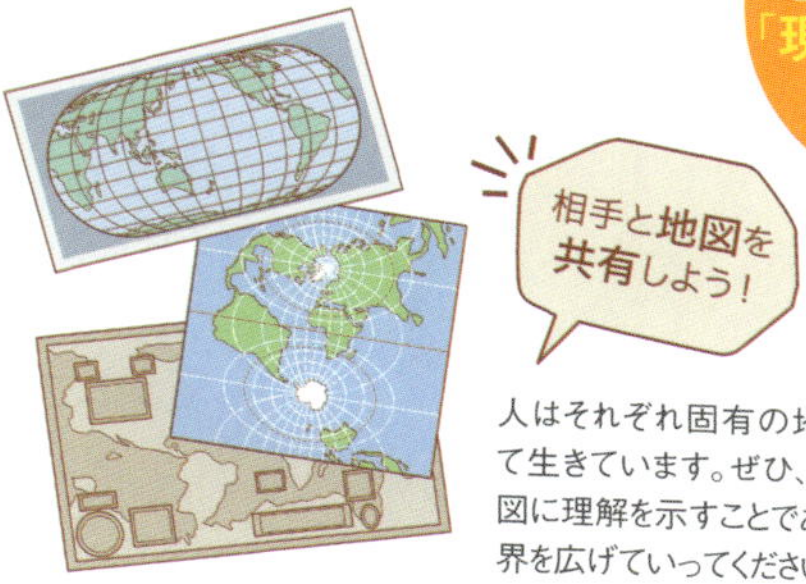

人はそれぞれ固有の地図を持って生きています。ぜひ、相手の地図に理解を示すことであなたの世界を広げていってください。

8つの前提⑥

私たちはすべて価値ある存在そのうえで感覚と言動の質が問われる

人は誰でも等しく価値がある存在

前提の6つ目は、〝人の肯定的な価値は一定です。その一方で、その人の内側・外側の反応が価値があり、適切かどうかが問われる〟というものです。

前提の前半部分では、どんな人も等しく価値があり、〝よさ〟があることを伝えています。〝よさ〟がない人はいないのです。これが大前提です。

ただし後半部分では、よりよい人間関係を築き、豊かな人生を歩むには、その人がどのような感覚を持ち、どのような発言をしたり、行動をしたりするのかというところがポイントになっていくことを示唆しています。

だからといって、心配は無用です。NLPでは、人の行動をよりよく変化させるスキルがたくさんあり、より望ましい自分になる道が開かれています。

人生の質を上げるには行動と発言が大切

世間でトラブルを起こしがちな人がいるならば、それを引き起こす意図や思い込み、プログラム（＝内側の反応）、言葉や行動（＝外側の反応）について、どのように起こっているかを理解することが必要です。

人を善悪で丸ごと判断するのではなく、人間が持っている本質的な〝善〟を肯定し、よりよい状態に向けて改善を図っていくことの重要性を教えています。

そして、人生の質はあなたの言動によって、価値を高めることができるものなのです。

人間が持っている本質的な「善」を信頼しながらよい状態へ導く

人は本質的に「善」である

↓

表面的に問題行動が起こっている時は…

善悪で
その人をまるごと
ジャッジしない！

＊それを引き起こす何かの意図
＊思い込み
＊プログラム（＝内側の反応）
＊言葉や行動（＝外側の反応）

何がどう起きているかを理解することが重要

8つの前提⑦

すべての行動には肯定的な意図があり、活かせる場所がある

よくないと思う行動にも必ず肯定的な意図がある

7つ目の前提は、〝すべての行動にはそれを起こさせる肯定的な意図があり、すべての行動にはその価値を活かせる状況がある〟というものです。

イヤだと思ってやめたい行動にも、肯定的な意図があります。それを冷静に見つめることでその行動の必要性がわかったり、それによってはじめてその行動をやめることもできます。

**すべての行動には
それを起こさせる肯定的な意図がある**

**そこにある
肯定的な意図とは?**

例えば、タバコを吸うことで…
- ストレス解消になっている
- 喫煙所でのコミュニケーションが図れる
- 口さみしさを紛らわすことができる など

よくないと思っている行動にも肯定的な意図があります。行動をよりよく変化させるためにも、肯定的な意図を理解し、それを失わないようにする必要があるのです。

どんな行動も活躍できる場面がある

一般的に「大声で叫ぶ」という行動はよくないかもしれません。しかし、自分の存在を誰かに気づいてもらうために「大声で叫ぶ」という肯定的な意図が隠されていることもあります。また、大声大会では、必要とされる行動になります。山頂で叫ぶのも達成感を味わう手段でしょう。

どんな問題行動とされるものも、多角的な面から見ることで肯定的な意図やそれを活かせる状況があります。それを見つけることで、真の問題解決につながりやすくなるのです。

すべての行動には
その価値を活かせる状況がある

その価値を活かせる
場所とは？

例えば、口ベタで神経質な人は営業には向きにくいが…
- 経理業務
- 議事録や資料作成などの業務 で能力を発揮しやすい

問題行動に見えるような行動にもそれを活かせる場所があります。それを見つけることで、問題解決につなげていくことができます。

8つの前提⑧

物事に「失敗」はない！私たちはすべて「成功」している

望まない結果も前に進むための成果

〝フィードバック vs 失敗―与えられた仕事や状況に対して、それが望んだ結果であってもなくても、あらゆる結果と行動は成功〟。これが8つ目の前提です。

人生があと戻りできないように、すべての物事には〝前に進む〟というプログラムが組み込まれています。望まない結果だったとしても、それは前に進むためのひとつの要因でしかないのです。

すべてのことはプログラムに「成功」している

物事がうまくいかなかった時

NLPでの考え方	一般的な考え方
↓	↓
うまくいかないプログラムに**成功**した	**失敗**した
だから	だから
他のもっとうまくいく方法を実践できる	後悔する 悩む

フィードバックしながら成功プログラムに改善

NLPを習得すると、「失敗しちゃった」と後悔することは一切なくなります。というのも、NLPの概念には〝失敗〟がないからです。

「仕事が遅くていつも終電だ」という人は、仕事が遅いプログラムに〝成功〟していると発想を転換します。そのうえでより望ましい成功があるのならば、どうしたらその成功を手にすることができるのか〝フィードバック〟して、それを達成できるようにプログラムを改善し、上書きしていくのです。

より望ましい成功を手にするために プログラムを改善する

プログラム1 仕事が遅くて、いつも終電だ

↓

「NLP」でプログラムを書き換える

（例）
集中力を高める
優先順位を決める
上手に人に手伝ってもらう　など

プログラム2 テキパキ仕事をして、プライベートも充実

現状のプログラムが望むものと違う場合には、NLPのスキルを使いながら、より望ましいゴールを実現するためのプログラムに書き換えていくことができます。

目標（ゴール）の定め方

なりたい自分を明確にするとより実現しやすくなる

ゴールを設定する時のポイント

成功や幸せへの近道は、なりたいあなたの状態を明確にすることです。タクシーに乗って、東のほうに行きたいとだけ伝えても目的地にはなかなかたどりつかないでしょう。それを、住所を伝えることで、きちんとその場所に到達できるのと一緒です。

ゴールを明確にするためには、いくつかのポイントがありますので、ご紹介します。

そのゴールは自分がコントロールできることである必要があります。また、「〜しないようにしたい」ではなく、「〜したい」「〜の状態になる」と肯定的な表現にしましょう。

あとは、その状況を五感を使ってイメージできればOK。その状態になったことで、周りの人や環境にも問題ないかチェックしておきましょう。

目標は肯定的な表現、かつできるだけ具体的に、そしてそのイメージを五感を通じて体感できることが大切です。主語が「自分」であることもポイント。

ゴールを設定する時の5つのポイント

Let's Try!!

Q あなたは何を（いつ、どこで、誰と）望んでいますか？

CHECK 肯定的な表現であるか

目標を設定する時は、必ず肯定的な表現を使います。「～しないようにしたい」のような否定文はNGです。

Q 達成するために、あなたはどんなリソースを持っていますか？

CHECK ゴールを望んでいる人が達成し、維持できることか

目標を達成するための主語は「私が」であり、そのために必要なリソースも自分自身がコントロールできるものであることが重要です。

Q いつそれを手に入れたか、どのようにしてわかりますか？
Q 目標を達成した時、何を見て、聞いて、感じていますか？
Q 周囲からあなたの姿は、どのように見えていますか？

CHECK すべての感覚において確認できることか

ゴールを達成した状態を思い浮かべ、五感すべてでその場の情景や聞こえる音、感じる内容などを体験できることが大切です（☞P.177）。

Q 現状を維持することで、あなたにとってよいことは何ですか？
Q よいことが維持されたまま、ゴールを達成したらどうなりますか？

CHECK 現在の状態のポジティブなところを維持しているか

すべての行動には「肯定的な意図」があります。つまり、現在の状態にも何かしらいいところがあり、それがなくならないようにする必要があるのです。

Q それがあなたの人生にどのように作用しますか？
Q 家族は？　事業や仕事は？　友人は？

CHECK 外部の環境（エコロジー）に適応するように設定されているか

そのゴールを目指すことが、家族や仕事などの環境にも配慮されている内容であるかを確認します。

NLPの身につけ方

日常生活にまで落とし込めばすべてがうまくいく

NLPを使いたおす！これが最善の道

NLPを日本語訳すると「神経言語プログラミング」となるため、少し難しそうと捉えられがちです。

しかし、まずはできるものから実践してみてください。考え方や仕組みを机上で学んだところでなかなか成果はでません。日々の生活の中で使うことによって、だんだんと真のNLPとよさがわかってくるはずです。

日常のあらゆることにNLPは活用できる

Let's Try!!

朝、なかなか起きられない
➡NLPで朝、起きられる**プログラムに書き換える**

人とうまく打ち解けられない
➡NLPで**コミュニケーション力を高める**

上司がこわい
➡NLPで**受け止め方を変化させる**

プレゼンが苦手だ
➡NLPで**パブリックスピーキング力をつける**
➡NLPで**自分に自信をつける**

仕事が遅い
➡NLPで**うまくいく方法を組み立てる**
➡NLPで上手に**人に手伝ってもらう**

「NLP」を使ってなりたい自分になる

NLPを習得する4段階のステップ

NLPの習得は、自転車に乗れるようになることと基本的には同じです。自転車という存在すら知らない段階➡自転車の存在を知った段階➡自転車の乗り方を学ぶ段階➡自転車に乗りながら他のことを考えていても、勝手に足はペダルをこいでいる段階、という4段階にステップアップします。

本書を手にしたあなたは、NLPの使い方を学ぼうとしている段階かもしれません。いろんな場面で活用していくと、自然とステップアップしていきます。

NLPを使いこなすレベルを目指そう

STEP 1	学習する前のレベル	NLPの存在すら知らない段階。もちろん使うこともできません。
STEP 2	存在を知ったレベル	NLPの存在を知った段階。頭ではわかっていますが、実際にはうまく使えない状態と同じです。
STEP 3	意識してできるレベル	NLPを意識して使える段階。ただし、まだひとつひとつ考えながらスキルを使用しています。
STEP 4	使いこなすレベル	実践をくり返して使いこなせる段階。意識しなくても自然に使っています。

自転車を
乗りこなすように
NLPも
使いこなそう

「自分に〝自信〟がない！」って思っている人はいませんか？

〝自信がない〟とはどんな状態でしょう？

まずは、誰がそれを決めているのかを考えてみてください。

それは、あなた自身です。

このことだけでなく、あなたの不安や心配ごとのすべてが、あなたの頭の中だけでの出来事であることに気づいてほしいのです。

たとえ、それが誰かから言われた言葉であっても、言われ続けた言葉であっても、それを認めてしまったのはあなた自身です。

ＮＬＰには、「私は自信がない」というような、自分自身で作ってしまった役に立たない「考え方」や「思い込み」を、さらりとぬぐい去るツールがたくさんあります。

それによって、あなたの思考が変わることで、行動や物事の捉え方が変わっていきます。表面的なことではなく、より深い部分（潜在意識）からそれを可能にしていけるのがＮＬＰの大きな特徴。だからこそ、よりよい結果（ゴール）に素早く、そしてパワフルに到達することができるのです。

さて、話を戻して〝自信〟についてです。

〝自信を持つ〟ためには、まずは何かを始めましょう。そして、続けることが大切です。もちろん継続のために必要なモチベーションも、ＮＬＰによってしっかりと維持することができます。

第2章

相手に受け入れてもらう「会話」の法則

毎日、当たり前に行っているようで、実はトラブルのもとになりやすい「コミュニケーション」。会話によるトラブルの発生原因から、相手に伝わりやすい言葉選び、さりげなく共感させるワザまで、よりよい会話術が身につくテクニックが満載です。

会話トラブルの原因

ちゃんと言ったはずなのに なぜか伝わっていない理由

良好な関係性と 相手の反応を確認することが重要

相手にきちんと伝えたはずなのに、相手が理解していなかった。そんなシチュエーションはたくさんあります。それはなぜか?

それは、相手のせいではありません。〝相手が理解する〟というプロセスが抜けた、一方的な話しかけであったということです。

もしくは、相手にわかるように話しかけたとしても、聞く耳をもたない希薄な人間関係の相手であったとしたら、やはりそこに〝会話〟は成立しません。

かといって相手の機嫌をとり、媚《こ》びるだけでも相手からは見下されてとりあってもらえません。

相手の反応をきちんと見極めること、そして相手との関係性を整えることが〝会話〟の基盤なのです。この章では相手を理解し、よい関係を作るために使えるテクニックを紹介します。

赤いファイルを準備してほしかったのに
それくらいわかるでしょ?
とくに、色の指定されなかったじゃないですか…

コミュニケーションがうまくいかない3つの理由

理由1 情報の共有不足

言葉にするとあらゆる情報が「削除」されたり、「歪曲」されたり、「一般化」されたりします(☞P.82〜)。そのため、相手といかに情報を共有するかがコミュニケーションのポイントです。

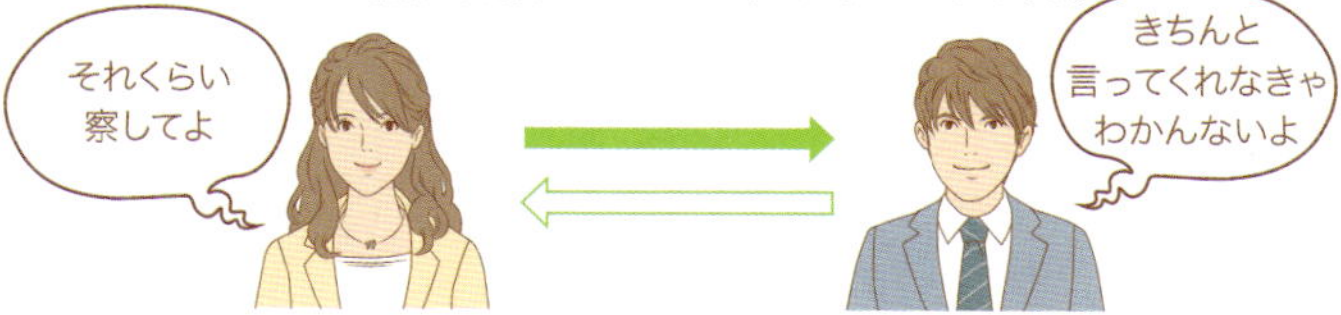
それくらい
察してよ
きちんと
言ってくれなきゃ
わかんないよ

理由2 信頼関係が成り立っていない

コミュニケーションが成り立つには、お互いに相手への信頼感があることが前提です。相手のことをあやしい、嫌いだと思っていたら、話しを聞く気にもなりません。

お前
仕事遅いよな
なんで
いつもそんなに
えらそう
なんだよ…

理由3 相手が理解できない言葉を使う

同じ日本語だったとしても、相手の感覚にそぐわない言葉を使うと理解されにくくなります。感覚的な人と論理的な人では、うまく言葉選びをしないと会話が通じません。

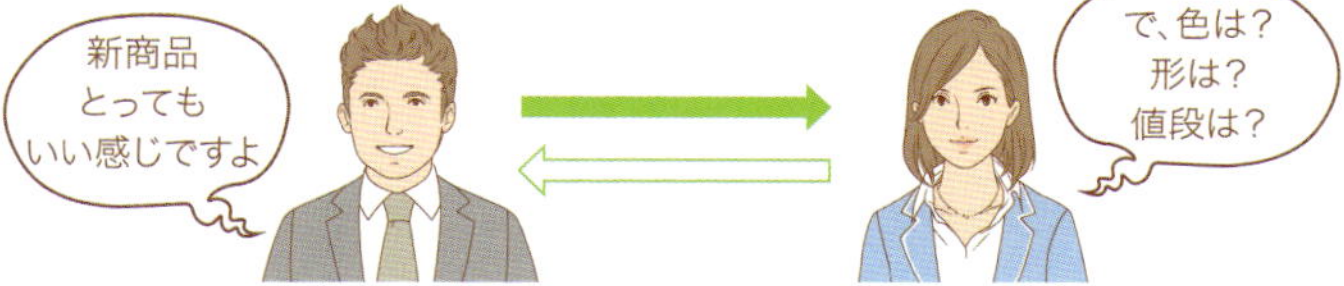
新商品
とっても
いい感じですよ
で、色は?
形は?
値段は?

会話成立の前提

コミュニケーションは「信頼感」のもとに成り立つ

言葉自体よりも その基盤にある心が肝心

言葉とはあくまでも記号でしかありません。〝ほめ言葉〟と〝叱《しか》り言葉〟であれば、みんなほめ言葉が好きに決まっています。しかし、あなたとつき合いもなく興味もなさそうな相手から出た〝ほめ言葉〟と、あなたを心底気にかけて伝えてくれる〝叱り言葉〟であれば、あなたにとって意味があるのは、どちらであるかもうおわかりでしょう。

コミュニケーションに大切なのは心のつながり

心のつながり ＞ 言葉

言葉は単なる記号でしかありません。それが相手にきちんと伝わるためには、両者の間に心のつながりがあることが大切です。

私のために叱ってくれたんだがんばらなきゃ!

たとえ上司に怒られたとしても、上司が自分を育ててくれようとしているという気持ちが伝わっていれば、やる気も起こってきます。

"信頼感"を抱かれる魅力ある人になろう

ボキャブラリーが多く、しゃべり上手なことは会話にとってもプラスですが、それより大切なのは相手との関係性。

そこに必要なのは"信頼感"です。ＮＬＰでは信頼感のことを"ラポール（rapport）"と呼んでいます。ラポールが築かれていれば、多少言葉足らずでもお互いに足りない部分をカバーしようと努力するものです。

また、相手にラポールを築いてもらえるような魅力ある自分になることも、相手に話を聞いてもらえるポイントなのです。

ラポールが築かれていれば お互いに相手を理解しようとする

お前、仕事忙しいよな？
ラポール
なんか手伝おうか？

「ラポール（信頼感）」がお互いの間に存在すれば、たとえ言葉足らずでも相手のことを理解してコミュニケーションが成立しやすくなります。

「ラポール」は築くことも築いてもらうことも重要

KEYWORD 【ラポール】

心理学用語では、人間関係において信頼、調和、協力が確立された状態をいう。語源はフランス語の「収益・利益」「関係」「報告書」を意味するrapport。

優位感覚を知る①

言葉づかいから相手を知る観察ポイント

情報を受け取って五感で反応する仕組み

人は五感を使って、物事を受け止め、五感を使って表現することはすでにお伝えしました（28ページ）。この仕組みをNLPでは〝表象システム〟と呼びます。

五感の中でも人それぞれ優位な感覚があります。嗅覚と味覚は限定されたシチュエーションになりがちなので、多くは視覚、聴覚、身体感覚から相手の優位感覚を見極めることになります。

人それぞれ優位な感覚がある

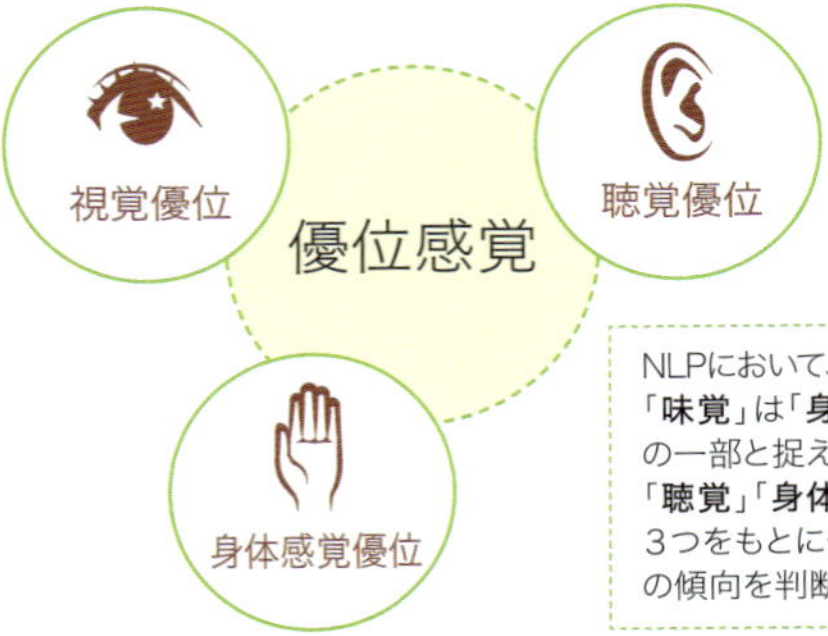

NLPにおいて、「**嗅覚**」と「**味覚**」は「**身体感覚**」の一部と捉え、「**視覚**」「**聴覚**」「**身体感覚**」の3つをもとに優位感覚の傾向を判断します。

KEYWORD 【 表象システム 】

情報はすべて五感（視覚・聴覚・身体感覚・嗅覚・味覚）で受け取って、五感を使って表現するシステムのこと。「モダリティ」や「代表システム」と呼ぶこともある。

優位な感覚と多用する表現の特徴

「明確になったよ」「響いたよ」「腑に落ちたよ」という言葉はどれも理解したことを意味していますが、ここにも優位感覚が隠れています。「明確になったよ」は視覚、「響いたよ」は聴覚、「腑に落ちたよ」は身体感覚優位な表現です。相手が多用する表現を観察することで、相手が使う感覚に合わせて話を進めることができるようになるのです。

視覚優位でグラフなどの視覚的なデータを求めている相手に、感覚的な表現で答えても、実りある会話にはなりにくいのです。

使用する言葉づかいにも優位感覚があらわれる

優位な感覚によって注目するポイントにも特徴がでるため、そのまま言葉づかいにもあらわれてきます。

相手の「優位感覚を見極める」ことでスムーズなコミュニケーションに

優位感覚を知る②

視覚優位な人のコミュニケーションの特徴

目で見て伝わる情報伝達が得意

目の前に映像があるかのごとく表現することが多いのが〝視覚優位〟な傾向の人の話し方の特徴。映像には形、色、大きさなど、たくさんの情報があるため、それを伝えるために早口になることもあります。

〝視覚優位〟な人との会話では、目で見て伝わる表現を選び、相手に映像でイメージしてもらえるようにするのがポイントです。

視覚優位な人がよく使う言葉

視覚優位

想像する／描写する／調べる／視点／焦点／視察する／ピンポイント／曖昧な／現れる／見る／場面／視界／側面／一瞥《いちべつ》／注目／範囲／ビジョン（展望）／透明性／先見性のなさ／不明瞭な／監視する／認識している／視野／見える／立証する（証明）／顕著な／明確／示す／錯覚／見解／視力／夢／図解する／表面的／キラキラ／ピカピカ など

目で見て伝わる情報に敏感です。好きになる人も見た目の要素が重視される傾向にあります。

優位感覚を知る③

聴覚優位な人のコミュニケーションの特徴

音やリズム、言葉に敏感 ロジカルな話し方

音や言葉にとても敏感なのが〝聴覚優位〟な人の傾向。音やリズムだけでなく、文字を読むのも言葉を理解したり、言葉を理解したりして情報が処理されています。

相手の話を聞き出すのも理解するのも早く、論理的な思考ができることも多いです。

〝聴覚優位〟な人との会話では、声のトーンを合わせ、論理的に話を展開していくとスムーズ。

聴覚優位な人がよく使う言葉

聴覚優位

発表する／聞こえる／述べる／言明する／言う／話す／聞き取れる／噂話をする／口述の／金切り声／告げる／騒がしい／甲高い／口調／伝える／静かにさせる／発音する／沈黙／発言する／尋ねる／意見／音（鳴る）／報告する／声／不協和音の／鳴り響く／騒がしい／吠える／悲鳴／シーンとした／シンシン／ガンガン／ピンポ～ン／ギィ～／ガタンゴトン など

声など耳で聞こえる情報や言葉づかいに敏感です。好きになる人も話し方や声の要素がポイントになります。

身体感覚優位な人のコミュニケーションの特徴

自分の感覚にゆだねたゆったりとした話し方

ゆったりとしたテンポで、情感たっぷりに話をすることが多いのが〝身体感覚優位〟な人の特徴です。表情もとても豊かで、身振りやボディタッチなどのしぐさも見られます。

〝身体感覚優位〟な人との会話では、ゆったりとしたリズムに合わせ、相手を心地よくさせる表現を使うと効果的。返答を焦らせないことも大切です。

身体感覚優位な人がよく使う言葉

身体感覚優位

活動的な／流れる／精力的に行動する／据える／支える／影響を受けた／浅い／緊張／掴む／生ぬるい／結ばれた／握る／動作／穏やか／触れる／固い／保つ／落ち着かない／激しい／圧力／駆り立てる／打ちのめされた／感じる／まったり／ぐりぐり／ふわふわ など

身体感覚
優位な
傾向の人
あのマッチョな体に触ってみたいわ!

自分の心地よい感覚を大切にする人です。好きになった人へのボディタッチが多いのも特徴です。

優位感覚を知る⑤

どの感覚で納得しやすいかを見極める

相手の優位感覚に合わせ納得しやすい心理状態に

相手が優位な感覚に合わせたコミュニケーション表現を使うことで、相手は納得しやすくなります。つまり、自然にこちらを受け入れてしまう心理状態になっているわけです。

〝わからない〟ことが続くと、人は不安になってしまいます。ですから、相手の傾向に合わせて〝納得〟してもらいやすい対応を心がけることは大切なのです。

優位感覚表現のパターンを使いこなす

トランスレーション

「理解する」

- 視覚優位　「明確になる」
- 聴覚優位　「響いたよ」
- 身体感覚優位　「腑に落ちた」

「理解する」のように、どの表象にも当てはまらない言葉（＝ユニバーサルワード）を、それぞれの表象の言いまわしで表現します。

オーバーラップ

「素晴らしい音楽を聴いて、体中に幸福感が広がるのを感じる」のように、ひとつの表象が別の表象につながっていくことです。相手を別の感覚に誘導しやすくなります。

共感覚

「ほろ苦い体験」や「黄色い声」のように、体験（身体感覚-感情）を味覚で捉えたり、声（聴覚）を色（視覚）で捉えたりするなど、ある事柄を2つ以上の表象で捉えることです。

優位感覚を知る⑥

「交渉」をうまく成立させるもうひとつの優位感覚

相手の納得感を得やすい感覚の見極め手段

ビジネスの現場では、〝交渉〟ごとが欠かせません。交渉もコミュニケーションのひとつですが、相手に合わせるだけでは有利な交渉にはなりません。そのために必要なのは〝納得感〟なのです。

相手に自然と〝納得感〟を抱いてもらうために有効なのが、〝感情〟〝論理〟〝感覚〟による優位傾向の見極めです。

人が納得する2つのルート

論理によって納得

「週間ワインランキング連続12週間トップを飾る白ワイン。3日間に限って42%OFF。残りは38本」

提示される情報から論理的に結論を導き出して、納得するパターンです。言葉やデータなどをもとに、メリットがあると判断すると受け入れやすくなります。

感情や感覚によって納得

「南イタリアではめずらしい微発砲の軽やかな辛口白ワイン。すっきりのみやすくて爽快。ぜひご堪能ください」

感情や感覚的によさそうなものに対して納得するパターンです。直感的によさそう、おもしろそうだと感じることで受け入れやすくなります。

〝感情？〟〝論理？〟〝感覚？〟相手に応じた話の組み立て

〝感情優位〟な傾向の人には、感動的なエピソードを伝えることで相手の心は動きやすくなります。商品誕生秘話や制作の苦労話などもいいでしょう。

〝論理優位〟な傾向の人には、順序立ててロジカルに話を組み立てていくことが必要です。データや資料などを駆使すると効果的です。

〝感覚優位〟な傾向の人には、「おもしろそう！」「便利そう！」と直感的に思ってもらうことが大切。実演などで、相手に響く演出をするのもおすすめです。

感情優位な傾向の人に対して

「この新商品はとてもデリケートで、今までに考えられないほどの時間と労力をかけたんですよ…」

論理優位な傾向の人に対して

「この商品を御社に導入していただくことで、今までのコストの70%を削減できます」

感覚優位な傾向の人に対して

「まずはお手に取ってみてください。このやわらかな感触は一度触れたらとりこになりますよ！」

視線解析

視線の動きからアクセスしている意識をキャッチ

思い出したり、創造する時に視線は動く

五感のうち、相手がどの感覚にアクセス中かを知る手がかりになるのが〝視線の動き〟です。

実際にやってみましょう。昨日の夜に食べた夕飯を映像で思い出してください。無意識に視線が左上に動く人が多いと思います（左利きの人の場合は逆になることが多い）。これは、過去の視覚にアクセスしている時に見られる視線の動き方なのです。

何かを思い出したり、創造すると視線は動きやすい

昨日の夕飯を映像で思い浮かべると、視線は自然と左上に動くことが多くなります（一般的な右利きの人の場合）。

KEYWORD 【視線解析】

表象システムと関連した目の動きから相手がアクセスしている感覚（視覚的記憶・創造、聴覚的記憶・創造、内部対話、身体感覚）を推測するNLPのスキル。味覚・嗅覚は視線解析には適応していない。

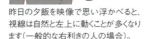

〝視線解析〟で脳のアクセス先がわかる

目は脳につながっている組織であり、その中で唯一外界からも確認することができるもの。その動きによって、脳のどこにアクセスしているかがわかるのです。これをNLPでは〝視線解析〟と呼んでいます。

視線が上方向に動く場合は〝視覚〟、水平に動く場合は〝聴覚〟、下方向に動く場合は自分との〝内的な会話〟か〝身体感覚〟にアクセスしています。さらに、左右どちらの方向に動いているかで記憶と創造のどちらにアクセスしているかまで推測できます。

視線の動きと相手がアクセスしている感覚

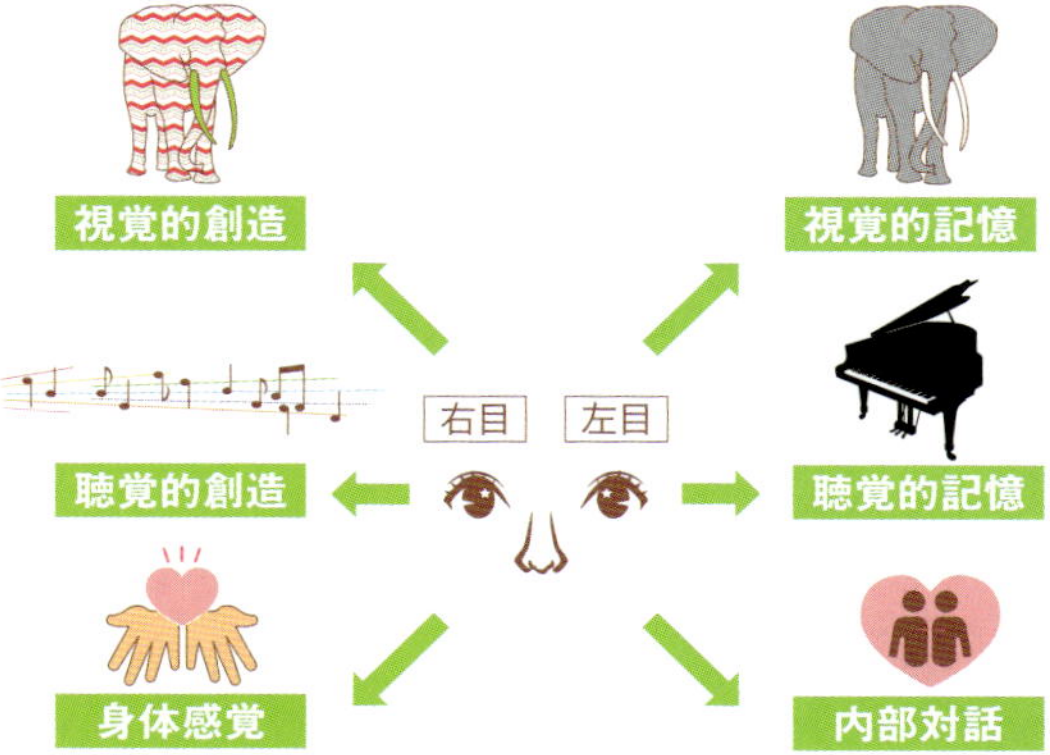

「視線解析」から優位感覚を探れる

自然と意識が向いている感覚を視線から察知することで、相手の優位感覚を見極めることもできます。

個性となってあらわれる人の行動パターンの基礎

メタプログラムを知ってコミュニケーションに活用

相手を知る方法として、ここからは〝メタプログラム〟について紹介します。メタプログラムは、簡単にいえば個性のこと。人それぞれが持っている固有の思考・行動パターンの基盤になっているもののことです。

〝メタプログラム〟の種類や項目は多岐にわたりますが、活用範囲の広い8パターンについて紹介していきます。

メタプログラムの活用ポイント

POINT
相手の思考や行動パターンの傾向を知ることで、その人のことをより深く理解できる。

POINT
相手が行動に移しやすいような言葉や態度を選んで使うことができる。

POINT
あくまでも傾向を知る手段であり、すべての思考や行動をパターン分けするものではない。

KEYWORD 【メタプログラム】

人それぞれが持っている無意識の思考や行動パターンの基盤になっているもの。「メタ」は「超」「高次な」という意味を持つギリシア語が語源の接頭語。

メタプログラム①

モチベーションが上がるのは どんな理由？

「〜に向かう」傾向？ 「〜から離れる」傾向？

最初のメタプログラムは、モチベーションの上げ方にかかわるもので、相手の行動パターンから読み解くことができます。

〝〜に向かう〟傾向の人には積極的に目的や行動に向かわせるようなアプローチをします。〝〜から離れる〟傾向の人には、痛みから遠ざけるようなアプローチをすると、相手は自然に行動しやすいのです。

「〜に向かう」傾向の人と「〜から離れる」傾向の人

積極的なモーレツ社員に対して
やってやるぜ！！
「今回のプロジェクトで結果を残してくれれば、次の仕事も君にまかせるよ」

給与明細書
それは困ります…
イヤなことを避ける社員に対して
「ちゃんと仕事しないと給与査定に響くぞ」

メタプログラム②

同じことに安心するか違うことを楽しむのか

同じことが好き？違うことが好き？

ランチのお店選びなどでわかるメタプログラム。行き慣れたお店で同じメニューを注文する人がいる一方で、違うお店で新メニューを楽しむ人もいます。

同じことが好きな相手には、誰か（何か）と同じであったり、似ていることを強調すると安心します。違うことが好きな人には、新しいものにチャレンジしてもらうとよいでしょう。

「同じことが好き」な傾向の人と「違うことが好き」な傾向の人

同じことが好きな傾向の人に対して
ここの冷製パスタがいちばん♪

同じことが好きな相手には、「〜と同じ／似ている」と言葉をかけてあげると安心して取り組んでもらいやすくなります。

今日はこの店に行ってみよう
違うことが好きな傾向の人に対して

違うことが好きな相手には、「独特だね」「〜と違っておもしろい」と言葉をかけると、チャレンジ精神をくすぐります。

〝メタプログラム〟にはそれぞれの中間もある

どんなメタプログラムにも共通することですが、両極端ではなくその中間も存在します。

また、ある状況においては違う行動をとることもあります。普段は積極的なのに、異性関係になると、とたんに奥手になってしまうこともあり得るのです。メタプログラムを細分化することで、相手の傾向をより具体的に理解することができます。

ただし〝メタプログラム〟は、相手をタイプ分けするものではなく、傾向を知ってコミュニケーションに活用するものです。

中間のメタプログラムや
状況に応じて異なることもある
～に向かう傾向
～から離れる傾向
仕事に関しては積極的
恋愛に関しては消極的
同じことが好き
違うことが好き
ルーチンワークが好き
ファッションは個性的なものが好き

同じ人でも状況によってメタプログラムの方向性が逆転したり、中間になることもあります。

メタプログラム③

主体的か傍観傾向が強いか

率先するほう？様子をみてから行動？

積極性に関するメタプログラム。主体性があるか、傍観者の立場で物事を判断する傾向が強いかということです。主体性があるほうが成功への道は近いのですが、これはよい悪いを判断するものではありません。

主体的な人には自然と行動に導かせる言葉かけを、傍観傾向の人には冷静な判断力を活かしてもらえる対応をすると効果的。

「主体性がある」傾向の人と「傍観傾向が強い」傾向の人

この企画
いけるよね！
絶対！
主体性が
強い傾向の人
傍観傾向が
強い人
もっといろんな人の
意見を聞いたほうが
いいと思うけど…

主体的な人は、自分の判断でどんどん積極的に行動します。傍観傾向が強い人は、周りの状況を確認したり、できれば直接関わらずに済む方法を考えがちです。

メタプログラム④

どんなサイズ感で物事を捉えているのか

おおざっぱに捉える? 細かいことを気にする?

物事の捉え方にもメタプログラムがあります。NLPではかたまりのことを〝チャンク〟といいますが、おおざっぱに捉える傾向の人を〝ビッグチャンク〟、細部まで気になる傾向の人を〝スモールチャンク〟と呼びます。相手のチャンクに合わせた会話も必要ですが、時には視点を広げ、時には狭めるようにリードしていくことも大切です。

「ビッグチャンク」傾向の人と「スモールチャンク」傾向の人

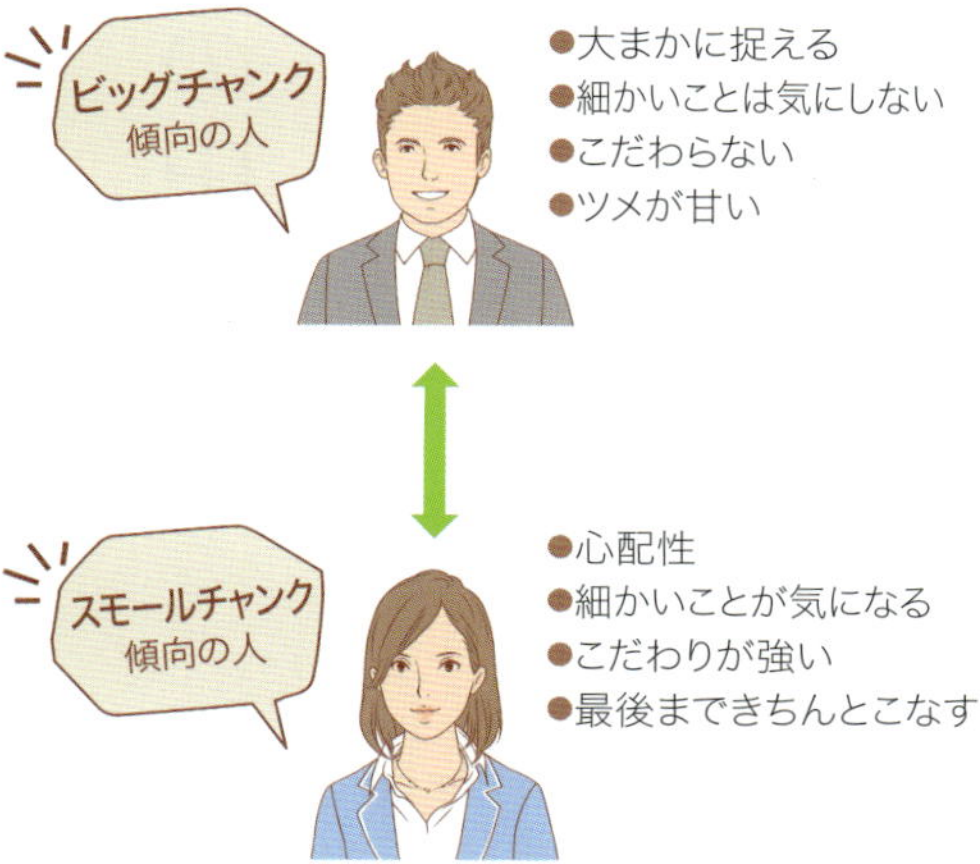
ビッグチャンク傾向の人
●大まかに捉える
●細かいことは気にしない
●こだわらない
●ツメが甘い
スモールチャンク傾向の人
●心配性
●細かいことが気になる
●こだわりが強い
●最後まできちんとこなす

相手に合わせるだけでなく相手の「視野」を広げる誘導を

メタプログラム⑤

行動を起こす要因の中心は自分か他人か

自分のため？他の誰かのため？

行動を起こす要因が自分のためなのか、他の誰かのためなのかという、注意の向きに関するメタプログラム。

〝自分〟傾向の場合、自ら考え、自信を持って行動します。その反面、自己中心的な行動になってしまうこともあります。〝他人〟傾向の場合、人のために行動できるやさしさを持つ反面、人に流されがちなところもあります。

注意の向きが「自分」傾向の人と「他の誰か」傾向の人

自分のため
という意識が
強い傾向の人
オレがやってやる！
相手のため
という意識が
強い傾向の人
みんながいてくれるからがんばれるの！

- 自信を持って自ら行動
- 「私が／私に／私にとって」という言葉を多用
- 自己中心的な行動になることもある

- 他人のために行動
- 「あなた／彼らに／彼らたちの」という言葉を多用
- 人の言うことに流されてしまうこともある

「自分」にも「他人」にも目を向けられるように誘導してあげよう

メタプログラム⑥

評価を自分でするか他人に求めるか

成果を決めるのは自分？他の誰か？

行動のモチベーションに関するメタプログラム。物事を達成した時の評価を自分自身で感じて納得する〝内側（インターナル）〟傾向の人と、周りから評価されてはじめて納得する〝外側（エクスターナル）〟傾向の人がいます。

相手の傾向を見極めることで、相手が望む表現で評価することができます。

成果を「内側」で決める傾向の人と「外側」で決める傾向の人

達成した評価を「内側」で感じる人にとっては、周りの人からの評価があっても成果として認めません。

内側（I）、外側（E）の順番がある傾向の人もいる

I➡E：自分の中で納得してから、外側の評価を確認する傾向。マネージャー向き。

E➡I：誰かが評価してくれてはじめて、自分でも納得。すぐに人と比較しがち。

メタプログラム⑦

どんなことに価値を置いて行動するのか

行動を起こす時の決め手となるのは?

何に価値を置くのかという点も、人によって異なる大事なメタプログラムです。相手が価値を置く照準に合わせて、ニーズをくんであげると、相手は動きやすくなります。

例えば、行動を起こす時の価値をどこに求めるかという場合には、〝人〟〝場所〟〝活動〟〝物(何に対して)〟などに傾向を分類できます。

行動を起こす時の価値をどこに求めるか

新規プロジェクトを立ち上げる時

「人」に価値を置く傾向

誰と組むのか?

「場所」に価値を置く傾向

どこで活動するのか?

「活動」に価値を置く傾向

プロジェクトの活動目的自体

「何に対して」に価値を置く傾向

売り上げを伸ばすため

メタプログラム⑧

フォーカスしがちな時間軸はどの時点か

現在・過去・未来 焦点はどこ?

時間軸のどこにフォーカスする傾向があるかというメタプログラムです。

〝過去〟にフォーカスする傾向の人は、過去の出来事や経験、前例を重要視します。〝現在〟にフォーカスする傾向の人は、今この瞬間が大切。今しかできないことに積極的です。〝未来〟にフォーカスする人は、未来を見据えて行動をしています。

フォーカスしやすい時間軸に対するメタプログラム

「過去」にフォーカスする傾向

「昔は～」「あの時は～」「若い頃は～」というように、過去に意識を向けがちな傾向の人です。年配者に多くなります。

「現在」にフォーカスする傾向

「今は～」「実際に～」「今ここで～」などの表現をよく使います。「今」を大事にして、時間を無駄にしない活動的な人が多くなります。

「未来」にフォーカスする傾向

「この先～」「いつか～」「将来にわたって」「そのうち」「予定している」などの言葉をよく使う傾向があります。未来を見据えて行動します。

情景や情感を共有するオノマトペ表現

日本語ならではの表現で相手と空気感を共有

英語がベースのNLPですが、日本語ならではの表現方法を使った共感のコツを紹介しましょう。日本語は英語と比べて形容詞、形容動詞が少ない代わりに擬声語（＝擬音語＋擬態語）が豊富です。〝オノマトペ〟とは擬声語のことをいいます。

オノマトペを上手に使うことで、相手と情景や情感を共有しやすくなります。

日本語に豊富なオノマトペ

雨：しとしと／ぽつぽつ／ぱらぱら／ザーザー
風：ぴゅうぴゅう／ひゅうひゅう／すーすー／そよそよ／ごうごう／さらり／かさかさ／ごーごー
太陽：サンサン／ぽかぽか／きらきら／ぴかぴか／ぎらぎら
光：きらきら／ぴかぴか／ぎらぎら／ギラリ
息づかい：はぁはぁ／ひーひー／ふーふー／ぜえぜえ
足音：とことこ／てくてく／よちよち／ちょこちょこ／のろのろ／カツンカツン／とぼとぼ／のそのそ／するする／ことこと
肌：ガサガサ／つるつる／プルプル／もちもち／じくじく／かさかさ／ぶよぶよ
雰囲気：ふわっと／なよなよ／ふらふら

会話をスムーズにする共感のコツ②

否定文を上手に使って警戒心をほどく

相手の心を開く否定文の法則

基本的には肯定文での会話のほうが相手もスムーズに内容を受け取りやすいのですが、あえて〝否定文〟を使うことで警戒心をやわらげて、相手の心に近づく方法があります。

例えば、「全部を話さなくってもいいよ」というもの。「すべて隠さずに話して」と問われるよりも、かえって相手も答えやすくなります。

相手の警戒心をやわらげる否定文の使い方

パターン1　全部〜じゃなくていいよ

「思っていることを全部話してくれなくていいよ。言いたくないことは言わなくていいからね」

「包み隠さずすべて話して」と言われるよりも、「全部話さなくていいよ」と言われたほうが、安心して相手も言葉にしやすくなります。

パターン2　否定文＋否定文

「心配がまったくないっていうのは、本心じゃないよね？」

「心配があるんだね」というものと内容的には同じですが、「否定文＋否定文」にすることで、相手の気持ちを決めつけるのではなく、推し量ったニュアンスになり相手も抵抗なく受け入れやすくなります。

会話中に相手の名前をさりげなく挟む

名前を呼ぶと相手は聞く態勢になる

誰でもできてとても効果的なのが、会話の途中で相手の名前を挟むことです。「そうだよね？○○さん」というように、名前で呼びかけられると、相手は自然と答える態勢になっています。

また、相手のことを尊重していますというさりげないサインにもなっています。しつこく入れるとかえって不快にさせることがあるので、適度に使いましょう。

名前を呼びかけると相手は聞く態勢になる

ねえ、ちょっと（呼びかけ） ＋ 相手の名前

→ 相手は**聞き入れ態勢**になる

会話の合間などに相手の名前を挟んだり、ふいに呼びかけられると、相手は思わず話を聞く態勢をとります。名前の呼びかけにはとても強い誘導力があります。

会話をスムーズにする共感のコツ④

呼吸のスピードを合わせて相手の心を落ち着かせる

言葉を使わず、呼吸で相手をリラックスさせる

〝呼吸〟は無意識に行っていますが、ある程度意識的に行うこともできます。それを応用し、相手の呼吸のペースと合わせるように意識することで、自然とお互いの一致感が高まります。

もし、隣に「ハアハア」と呼吸スピードの速い人がいたら、落ち着かないですよね。呼吸ペースが合っているだけで、相手を自然とリラックスさせられるのです。

呼吸を利用して相手を落ち着かせる

呼吸は…

生命維持のために無意識でも行っていますが、意識的にコントロールすることも可能。**相手の呼吸リズムと合わせる**ことで、相手は自然と**リラックス**していきます。

「呼吸」も、共有感を生むテクニック

Let's Try!!

呼吸をうまく使いこなそう

相手の呼吸のリズムに、自分の呼吸のリズムを同調させてみましょう。また、相手が息を吐ききった瞬間に「〜しようよ」と誘うと、相手は「YES」を言いやすい状況になります。

〝コミュニケーション力〟とはすなわち〝人間力〟である

コミュニケーションは〝言葉〟だけで成り立つものではありません。

仲のいい恋人同士なら、目を見つめ合ったり手を握っただけでお互いの想いが伝わることはもう知っていますね。

また、なぜかわからないのに一緒にいるだけで「心地がいい」と感じさせる人もいます。

では、それはいったいなぜなのでしょう？

親しい間柄なら、そこに〝同調〟が起こっていることが挙げられます。

嗜好や価値観が似ていたり、相手が敬愛の対象であったりすることで、〝同調〟は起こりやすくなります。

しかし同時に、まだそんなに親しくもないのに〝ラポール〟を築くために無理に相手の動きに合わせようとすると、ぎこちなくわざとらしい感じがしてしまうことも心に留めておくべきでしょう。

相手が発する〝リズム〟に自然に合わせ、また相手を〝思いやる〟気持ちを持つことが重要です。この〝リズム〟とは、呼吸、瞬きなどの体の中で起こる自然発生的な動きです。〝息が合っている〟とは、まさにこのことを指しているのです。

もうひとつの〝心地いい〟は、その人の持つ雰囲気にほかなりません。

NLPのスキルを使いながら、〝人間力〟を高めることも大事ですよ。

第3章

相手の本音を理解できる「質問」の法則

何気なく使っている「質問」には、相手の意識の方向性を決める強い力が宿っています。また、ほしい情報を的確に手にするために、どのような質問をするのが効果的か、具体的にパターン分けをしながら解説していきます。

質問に秘められた特徴①

「質問」はこちらが知りたいことを聞くだけのものではない

質問で相手の意識を向けたい方向に誘導できる

〝質問〟なんていつだって使っている！　という人は多いでしょう。自分がわからないことを聞くために質問をくり返すことはよくあります。しかし、質問には、それ以上に秘められた力があります。

突然ですが、「昨日は何時に寝ましたか？」。「深夜1時過ぎだったよ」とか、「昨日は疲れて10時に寝ちゃいました」など、答えは人それぞれでしょう。何をいいたいかというと、質問されると一瞬で意識が質問内容を答えるほうに向くということなのです。今、あなたはこの本を読んでいるのに、質問された瞬間にふと昨日の夜のことを思い出そうとしたはずです。

質問には相手の意識を誘導する強い力がある、ということをまずは知っておきましょう。

プレゼン資料
明日の何時に
仕上がる？
9時には
渡せるよ

質問には、相手の意識を質問内容に向かせることと、こちらが知りたい情報を引き出すという2大特徴があります。

質問に秘められた特徴②

相手の本音を聞き出すのに「なぜ？」は要注意ワード

感情に直接作用する「なぜ？」は使わない

質問といえば、「なぜ〜なの？」というのが決まり文句。しかし、〝なぜ？〟は要注意な質問ワードでもあります。

使い方によっては、相手は責められていると受け取ってしまうこともあります。すると、とっさに言い訳を口にすることしかできません。それでは、相手の真意を知る機会を失ってしまうのです。

「なぜ？」が持つ3つの側面

側面1　問題解決に活用できる「なぜ?」

「なぜ、商品Aと商品Bの耐久性が1.5倍も違うのか？」

客観的、論理的に原因追及や問題解決をする時に活用できる「なぜ?」です。あくまでも客観的であることが必要で、「感情」をともなわせることをしてはいけません。

側面2　知的好奇心を満たすための「なぜ?」

「なぜ、空は青いのか？」

不思議なことに対して好奇心から出る質問です。子どもが「なぜ?」をくり返すのもこれに当たります。

側面3　感情に直接作用する「なぜ?」

「なぜ、今回のようなすばらしい企画を思いついたの？」

例のように相手の「快」に働きかける質問であればOKですが、「なぜ遅刻をしたの?」というような質問は、相手からすると責められている感じを受けます。

言葉にすると多くの情報は「削除」されてしまう

話される言葉の影には膨大な情報が存在している

コミュニケーションの特徴のひとつに、言葉にすると情報の多くが〝削除〟されることがあります。ミスコミュニケーションの原因にもなります。

例えば取引先に事務所の様子を説明してくださいと言われた時、「弊社はビルの2フロア分あって、そこに営業マンの机が並んでいます。打ち合わせ部屋は4つあります」と答えたとしましょう。しかしビルの何階と何階なのか、営業マンは何人いるのか、打ち合わせ室以外の部屋はないのかなどの情報が省略されています。

体験や現実そのものは多くの情報を持ちますが、言葉にできるのはほんの少しだけ。そこで、必要な情報を共有するためには、削除された情報を取り戻す作業が必要になるのです。

情報は本人が意識しているものだけしか言葉にされません。そのため、追加の質問によってさらなる情報共有をすることが必要なのです。

焦点を当てられたものしか言葉として表現されない

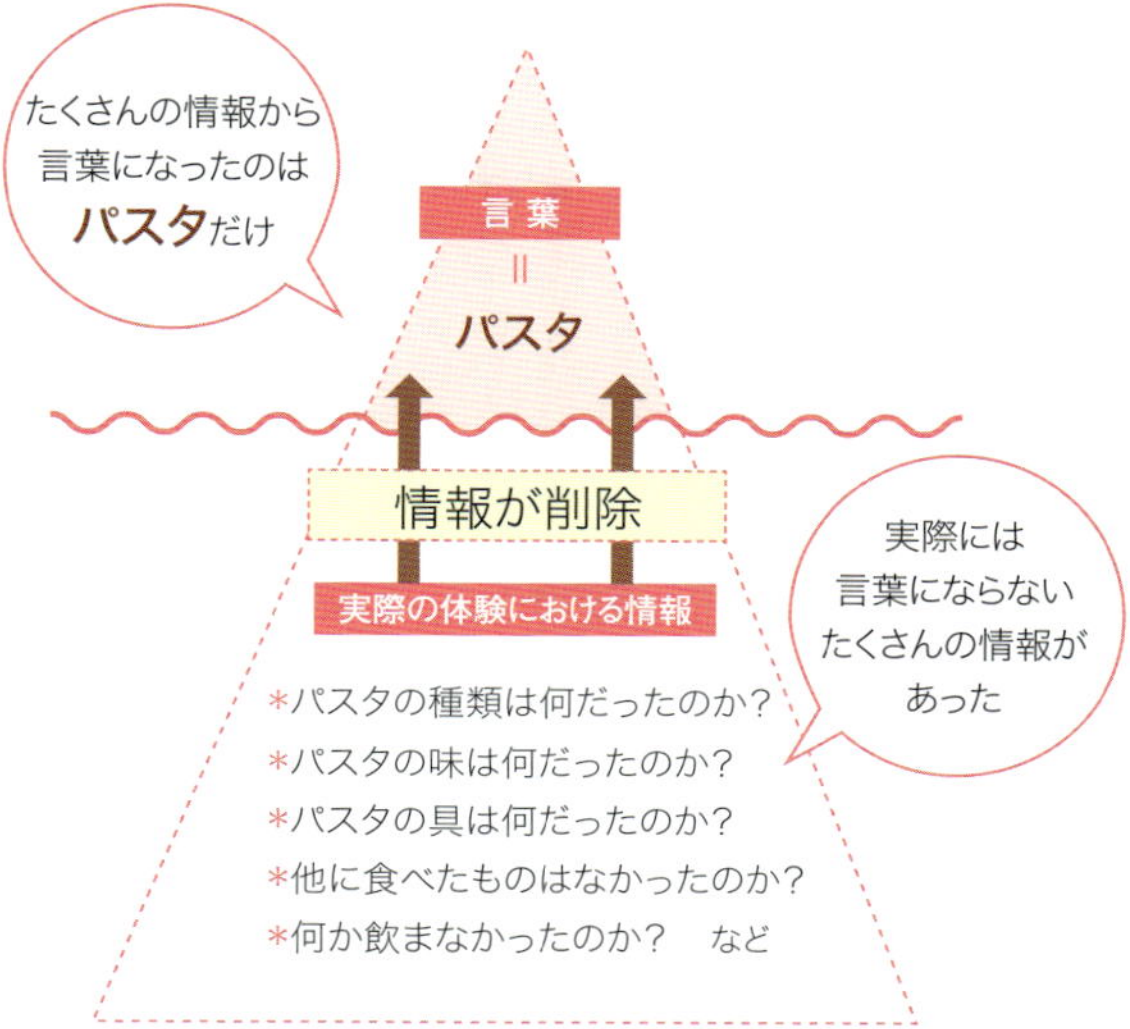

実際の体験や現実はとてもたくさんの情報を持っています。しかし、言葉にされるのはフィルターを通じたほんの一部だけです。そこで、こちらが必要な情報は「質問」を使って共有していく必要があるのです。

質問が必要な理由②

情報は人の価値観によって「歪曲」されてしまう

情報は人それぞれの価値観によってゆがむ

新規に取引を始めたいと思った会社があるとします。同僚にその会社のことを話したところ、「前に一回訪問したけど、社長の態度は大きいし、イヤミっぽいし難しいと思うよ」と教えてくれました。果たしてあなたはその会社のアポをとるでしょうか。仮にとったとしても、新規取引の可能性に胸弾ませて客先に向かうことはまずないでしょう。

情報はそれぞれの人の価値観によってゆがめられています。実際には、あなたがその社長と面会したらフレンドリーだったということもあり得ます。あくまでも同僚の価値基準で判断された情報というわけです。

もし、ゆがんだ価値観から出る発言で何かを制限してしまうなら、質問によって制限を外すことができます（90ページ）。

どうかな…
難しいと
思うけど…
この会社と
取引できたらと
思うんだけど
あ、そうなんだ…

人それぞれフィルターを通じて見方は違ってくる

会社Aに対する3人の見方

会社 A
情報が歪曲
「威厳はあるけれど感じのいい社長だ」
「イヤミっぽい社長だよ…」
「新規取引を始めたい！」

同じ会社Aに対して、3人はそれぞれ別々の思いを持っています。そして、誰かに会社Aのことを話す際には、自分が思っているイメージ像で伝えてしまいます。

情報はその人のフィルターを通じて「歪曲」されている

質問が必要な理由③

情報は大きなまとまりとして「一般化」されてしまう

あたかも全部がそうであるように表現をまとめてしまう

「仕事が遅くて、みんなに迷惑をかけている」と悩む同僚がいるとします。ここには、情報の〝一般化〟が隠れています。一般化とは、ひとつのサンプルをまるですべてのようにまとめて表現するものです。

誰かと比べているわけではないのに「仕事が遅い」と一般化しています。さらに「みんなに迷惑をかけている」と追い打ちをかけていますが、「みんな」とは一体どこの誰のことでしょう？

一般化は、実は本人の思い込みに過ぎません。または、自分に自信がないために「みんなも～」というように、全体の中に入ろうとする心理があります。

そこで、「誰と比べて?」「誰かがそういった?」というように質問をすることでゆがんだ本人の意見を見直してもらうのです。

私、仕事が遅いんです…
みんなに迷惑ばかりかけている…

あたかも「自分＝仕事が遅い」と決めつけるように一般化しています。しかし、現実にそれが正しいかどうかはわかりません。

〝削除〟〝歪曲〟〝一般化〟でミスコミュニケーションに

コミュニケーションがうまくいかない理由は、これまで紹介してきた、情報の〝削除〟〝歪曲〟〝一般化〟が大きな要因になります。あらゆる現実や体験は、言葉にされる時点で多くの情報が失われ、変形され、抽象化されていくものなのです。

そこで、これらの情報をできるだけ取り戻してお互いに情報を共有したり、相手を独りよがりの思い込みから解放させるために〝質問〟が大きな役割を果たすのです。

正しく情報を共有し、思い込みから解放するのがコミュニケーション

「みんなが自分のプレゼンにだけ厳しい。きっとライバル視しているんだ…」

情報が削除

「プレゼンに厳しい」と言っていますが、賛同が得られないのか、聞いてもらえないのかなど、具体的にどういうふうに厳しいのかが明らかにされていません。

情報が歪曲

「プレゼンに厳しい」ことと「ライバル視」されていることは、実際には直接関係ありません。本人が勝手に結びつけているに過ぎないのです。

情報が一般化

「みんながプレゼンに厳しく」「みんながライバル視している」と捉えていますが、みんなとは一体誰のことでしょうか。本当に全員がそうなのでしょうか。

情報の「削除」「歪曲」「一般化」で思い込みが形成される

効果的な質問法 メタモデル①

いつ？ どこで？ 誰が？「削除」された情報を明らかにする質問

削除された内容を相手に意識化させる質問

無意識のうちに〝削除〟された情報を明らかにする質問を紹介します。

次項目以降で、〝歪曲〟〝一般化〟された情報を明らかにする質問も紹介していきますが、これらの質問法をNLPでは〝メタモデル〟といいます。

メタモデルは、相手に新しい視点で物事を捉えてもらうために活用するものです。

KEYWORD 【メタモデル】

「削除」「歪曲」「一般化」された情報を再構築させる言語パターン。情報を明確にし、具体化し、制限を広げて選択の余地を作り出したり、方向性を定める。また、必要なものとそうでないものを分けることができる、NLPにおいて最初に開発されたモデル。ただし、分類は固定されたものではなく、それぞれオーバーラップすることがある。

「削除」に対するメタモデル

パターン1 「単純削除」に対する質問

情報が不十分であったり、失われている発言に対して、情報を取り戻す質問方法です。

あの人ちょっと変わっているのよ

↓

「どこが変わっているの？」

【例】いつ？／どこで？／誰が？／何が？／どのように？／具体的には？

パターン2　「比較削除」に対する質問

比較する対象が削除されている情報を取り戻す質問方法です。比較対象の幅を広げて、思い込みの制限を外します。

彼のプレゼンはひどい

↓

「誰と比べてひどいの？」

【例】誰と比べて？／何と比べて？／どの中で最も○○なの？／何を基準として？

パターン3　「指示詞の欠如」に対する質問

抽象的な代名詞が使われている場合に、より具体的な情報を得るための質問方法です。

クレームがきています

↓

「具体的に誰がクレームをつけているの？」

【例】具体的に誰が？

パターン4　「不特定動詞」に対する質問

具体的にどのように行われるのかが削除されている動詞を明らかにする質問方法です。

木村さんはすぐにさぼる

↓

「どういうふうにさぼるの？」

【例】どのように？／どうやって？／具体的にどのように？／詳しく言うと？

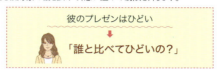

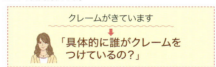

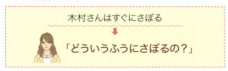

効果的な質問法 メタモデル②

それとこれとは別問題「歪曲」された情報を明らかにする質問

偏った見方をしていることを気づかせる質問

「仕事が遅い。自分には向いていないんだ」と嘆く人がいるかもしれません。しかし、仕事が遅いことと、向き不向きは直接関係なく、本人の偏った見方です。

このように見方が偏っている情報を元に戻す質問方法を紹介します。質問によって偏った見方だということに気づかせることで、制限をかけているものから解放させることができます。

「歪曲」に対するメタモデル

パターン1 「名詞化」に対する質問

動詞が名詞化されることによって、プロセスや行動が隠されてしまっています。それを取り戻す質問方法です。

彼女って、とっても心配症

↓

「具体的にどんなふうに心配しちゃうの?」

【例】具体的にどのように〜するの?

パターン2 「因果関係」に対する質問

必ずしも原因が結果を引き起こしているわけではないことを明らかにする質問方法です。

部長の顔を見ると、胃が痛くなる

↓

「部長と胃が痛くなるのはどう関係するの?」

【例】具体的にA(原因)が、どのようにB(結果)になるの?

パターン3 「マインドリーディング」に対する質問

「マインドリーディング(☞P.124)」には2タイプあり、①「私はあなたのことがわかっている」と、②「あなたは私のことをわかってくれているよね」というもの。その解釈がどのように行われたか明らかにする質問。

どうせ、あなたは私のこと嫌いでしょ？

「どのようにしてそれがわかるの？」

【例】どのようにしてそれがわかるの？／何があなたにそう思わせるの？

パターン4 「複合等価」に対する質問

2つの文章が組み合わさって意味づけされている表現に対して、その関連性が本当に正しいのかを気づかせる質問方法です。

彼女イライラしてる。プライベートうまくいってないんだよ

「イライラとプライベートがどうつながるの？」

【例】どのようにしてAがBを意味することになるの？／いつもそれを意味するの？

パターン5 「ロストパフォーマティブ」に対する質問

評価や判断基準、主張の出所が失われている場合に、それらの情報を明らかにする質問方法です。

成功者は運に恵まれている

「何を基準にそう言っているの？」

【例】誰がそんなふうに言うの？／何を基準に言っているの？

効果的な質問法 メタモデル③

ひとくくりにしちゃっていいの？「一般化」された情報を明らかにする質問

一般化しているサンプルを個別だと認識させる質問

会話の中でひとつのサンプルにもかかわらず、「みんな～」や「いつも～」というようにひとくくりにして表現されるのが〝一般化〟。みんなとは例外なく全員なのか、そうでないことはないのかなどを明らかにします。

不要な思い込みから発言されることが多い一般化表現に対して、情報を具体的にして、思い込みから解放する質問方法です。

「一般化」に対するメタモデル

パターン1「全称限定詞」に対する質問

「いつも」「常に」「絶対に」というように、断定している表現に対して可能性を広げる質問方法です。

私はいつも失敗ばっかり…

↓

「失敗しなかったことは一度もないの？」

【例】本当に一度もない？／一人もいない？／みんなって誰？

パターン2「必然性／可能性のモダルオペレーター」に対する質問

可能性を制限したり、必要性にしばられていることに対して、その制限を取り払うような方向に導く質問方法です。

私がやらなきゃいけないの…

↓

「もしやらなかったらどうなるの？」

【例】そうしたらどうなるの？／そうしなかったらどうなるの？

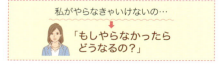

パターン3 「前提」に対する質問

暗黙の前提によって相手が自分の考えを制限してしまっている時、その前提の根拠を明らかにして何ら確証のないものだと気づいてもらう質問方法です。

スタッフがやる気を出してくれれば、売上が上がる

↓

「スタッフのやる気の問題だってどのようにわかるの?」

【例】○○だと言っているの?/何がそう思わせるの?

メタモデルは単なる質問ではなく相手の思い込みを取り去るもの

「本当に一度もミスしなかったことはない?」

これがメタモデルの本質!

つまり

うまくできることがちゃんとあるってこと、忘れないでね!

メタモデルの目的は相手の思い込みを取り去り、より広い考え方ができるように気づかせてあげるものです。そのための手段であるということを忘れないでください。

「メタモデル」は相手に寄り添い制限をなくすための言語モデル

その他の効果的な質問法

オープン⇩オープン⇩クローズドの質問で相手の夢を実現に近づける

オープンクエスチョンとクローズドクエスチョン

質問の代表的な分類に〝オープンクエスチョン〟と〝クローズドクエスチョン〟があります。

オープンクエスチョンは「はい／いいえ」で答えられない内容を問うタイプの質問のことで、クローズドクエスチョンは相手が「はい／いいえ」、もしくは二択などで答えられる質問です。

これを上手に組み合わせると、とても効果的な質問になります。

「オープンクエスチョン」と「クローズドクエスチョン」

オープンクエスチョン

「はい」「いいえ」で答えられない、内容を問う質問のこと。

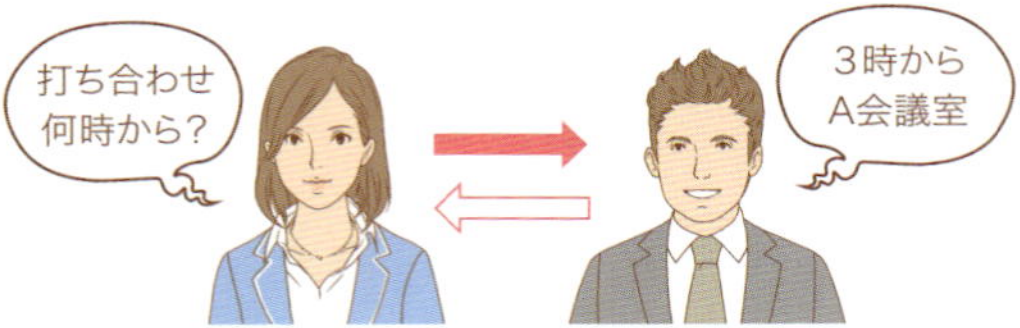

クローズドクエスチョン

「はい」「いいえ」で答えられる質問のこと。

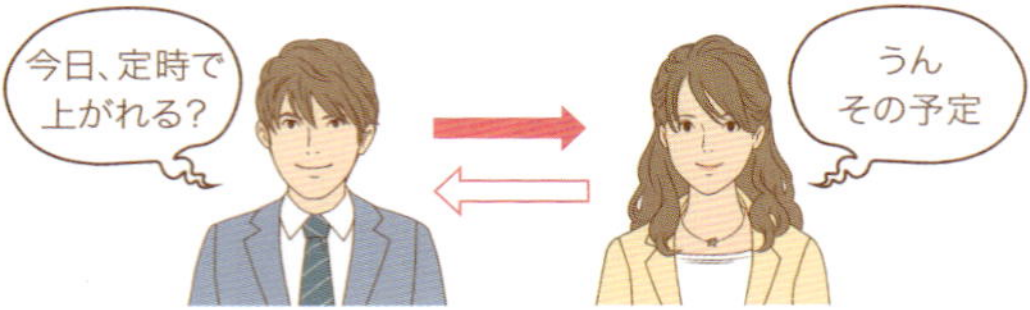

最後は「YES」で終わる相手の夢を広げる質問法

方法は簡単です。オープン⬇オープン⬇クローズドの順に質問するだけです。オープンクエスチョンの質問内容は、相手が考える成功とはなにか？　幸せな未来とはどんなものか？　など、相手の将来が明るいものであるということを明確なイメージとして抱いてもらえるものが望ましいです。望ましいゴールを明確にできれば達成への道のりは近づくのです（41ページ）。

そして、最後の質問は「あなたはそうなりたいの？」。きっと「YES」の答えが返ってきます。

相手に幸せな未来をイメージさせる効果的な質問法

Let's Try!!

オープンクエスチョン

「あなたの夢ってどんなもの？」

⬇

「どんなすてきなものが見えて
どんな音が聞こえるの？」

⬇

「あなたはどんな気持ち？」

⬇

クローズドクエスチョン

「あなたはそうなりたいの？」

相手の幸せな未来について、オープンクエスチョンを続けて（何回質問してもOK）、その状況をたっぷりと感じてもらい、最後に「そうなりたい？」と聞けば、答えはもちろん「YES」になります。

質問に対する回答

相談された時の賢い返答方法

答えは相手の中にある
それを見つけてもらう返答を

「仕事が遅くて、この仕事向いてないと思うんです。そろそろ転職を考えたほうがいいのかな?」

意味合いとしては相談になりますが、あなたが質問された場合の賢い答え方を紹介します。

シチュエーションや相手の傾向によって答え方は違うので、正解はひとつではありません。いくつかパターンを考えてみます。

ひとつはこちらからも質問を使って、どうしたいのかをはっきりさせる方法です。単にグチを言いたいだけの人もいます。そんな場合は、話を聞いてあげればOK。他には、相手が楽しくなるような別の話に展開してしまう手もあります。

1点だけ注意があります。返答はアドバイスではなく、答えを相手に見つけてもらえるようにしてほしいということです。

じゃあ、まずは
私と乾杯してから
考えよっ!
仕事が遅いんです
私って
この仕事向いて
いないですよね?

仕事に向いている、向いていないと答えるのではなく、まずは相手の狭い視野を広げるために別のところに意識を向かせる方法もあります。

相手をよい方向へ導く賢い回答方法

「仕事が遅くて、この仕事向いてないと思う。転職したほうがいいのかなぁ？」

返答方法1　仕事のよい部分にフォーカスさせる

相手が持っている、仕事に対するやりがいや好きな部分にフォーカスさせることで、モチベーションを引き上げることができます。

「でも、今の仕事で好きなところもあるんじゃない？」

返答方法2　相手の思い込みをなくさせる

相手が抱いている自分を制限するような思い込みを壊すことで、相手の捉え方をより自由にさせてあげることができます。

「あなたが思っているだけかもしれないけど、仕事が遅いことと結果を残すことはどっちが大事？」

返答方法3　気分を変えさせたり、話しを聞く

相手は話を聞いてもらいたいだけのこともあります。答えを出さなくても、相手に寄り添う心があれば十分なこともあります。

「じゃあ、まずは私と乾杯してから一緒に考えよう！」

相談に対する答えを出すのではなく「相手の気持ち」を引き出そう

「質問」を効果的に使いたいあなたへ

MESSAGE FOR YOU

“質問”は、必要な情報を選び出し相手の方向性を決める重要な方法

人は何かを相手に伝えようとするとき、必要な情報を削除したり、必要のない情報をつけ加えたりしてしまいます。

例えば、あなたが駅まで急いでいて、そのための道を知りたい時に、どこの角を曲がればいいのかは重要な情報です。しかし、その駅にまつわる歴史などは必要ないでしょう。

だからこそ、誰か道を知っていそうな人に「○○駅にはどう行けばいいのですか?」と質問するのです。

また、質問は相手をゴールに導く強力なツールでもあります。

よく雑誌などに「YES」「NO」で質問に順に答えながら矢印の方向に進んでいくと、最後に自分のタイプなどを診断できるものがあります。

このことから、質問とは相手をゴールに導くものであるということがわかります。また、必要なこととそうでないことを分けるためのものでもあるのです。

つまり、質問の仕方によっては、相手を違う方向へと導いてしまったり、必要のない情報も含めて受け取ってしまうことがあります。

ですから、質問の仕方を十分に注意しながら、〝エレガントで効果的な質問力〟を身につけることが求められるのです。

第4章

相手を動かす「誘導」の法則

相手が自然に行動を促すように働きかける誘導話法。NLPでは、催眠療法家のミルトン・エリクソンの言葉づかいを研究し、「ミルトンモデル」として誰もが活用できるように体系化してあります。どれも普通の会話でさりげなく使えるものばかりです。

相手をうまく行動させる「誘導」話法

催眠療法の第一人者が使っていた誘導話法

NLPの代表的な言語モデルに〝ミルトンモデル〟があります。ミルトン・エリクソンの〝催眠療法〟における言葉や非言語の使い方を体系化したものです。

催眠というと「怪しいのでは?」と感じるかもしれませんが、次項以降の具体的な使い方を見ていただければ、ごく普通の会話で使える誘導技法だとご理解いただけるでしょう。

ミルトンモデルの活用ポイント

POINT
相手にしてほしい行動などを、相手の無意識に働きかけて実践させることができる。

POINT
相手が行動に移しやすいような言葉や態度を選んで使うことができる。

POINT
相手が持っている制限を、自然な会話の中で解きほぐすことができる。

KEYWORD 【ミルトンモデル】

直接的な表現を使わないで相手の無意識にアクセスし、新しい役に立つビリーフを構築していくモデル。催眠療法家ミルトン・エリクソンの言葉の使い方がモデル。

命令ではなく相手にゆだねる

ミルトンモデルを使うことで、相手は抵抗なく言葉を受け取りやすくなります。自然に行動を促すこともできるのです。

例えば、「部屋、暑くない?」と問いかけたなら、「冷房をつけようか」といって、冷房のスイッチをオンにしてくれる。これが、ミルトンモデルを使った誘導です。「冷房をつけて」と直接的な命令はせず、相手にゆだねるように行動させるのです。

ただし、相手を操るためではなく、相手がよりうまくいく方向に導くこと。これが大切です。

相手がよりうまくいく方向に誘導する言葉

私が
開拓して
きます
もう少しで
今期の目標が
達成できるんだよ
部長、私にまかせてください!
期待しているよ

ミルトンモデルは直接的に相手に命令するのではなく、あえて曖昧な表現にしたり、相手に答えをゆだねるようにするのが特徴です。そのため、相手も抵抗なくその言葉を受け入れることができます。

「ミルトンモデル」は相手がうまくいくように導く言葉かけ

誘導話法 ミルトンモデル①

「YES」「NO」で答えられる質問で相手を行動させる

～会話的要求①～

能力があるか聞くだけで行動をともなわせる話法

「○○できる?」「○○って知ってる?」などと聞くことで、○○の部分をしてもらうようにさりげなく要求する話法です。

「取引先まで資料を届けられる?」という問いに対して、相手が「はい」と答えたならば、きっと資料を届けてくれます。質問としては届ける能力があるかを聞いただけなのに、行動をともなわせることができるのです。

会話的要求①の基本公式

相手を誘導したい内容

＋

助詞（は・が・に・を・なら など）

＋

できる?／って知っている?

イントネーションや語尾の強調で誘導力を高める

この話法は、相手が「はい」「いいえ」で答えられる疑問形式であることがポイントです。英語ではCan you ～？（～ができる？）や、Do you know ～？（～を知っている？）などの文章で表現されます。日常でもよく使われていますが、意識して使えるようになれば誘導力に磨きがかかります。

この表現では、イントネーションや語尾をわずかに強調することで、誘導する力が強まります。オーバーにではなく、自然に聞こえることが大切です。

キーワードを強調して誘導力をアップ

Let's Try!!

語尾を上げ下げし、太字は強調してみよう

「**プレゼン資料、明日までに**(↘)
できる？(↗)」

伝えたいこと
明日までにプレゼン資料作ってね。

「この辺で
うまい日本酒飲める(↘)、
店知ってる？(↗)」

伝えたいこと
おいしい日本酒を飲みに行こうよ。

相手に不自然と受け取られないように、ごく自然に語尾を上げ下げしたり、キーワードとなる言葉を強調するように発言するのがポイントです。

今の状況を伝えて、さりげなく相手を自分の思い通りに誘導する

〜会話的要求②〜

今の状況を伝えることで自分が望む行動を促す

自分の現状を伝えることで、相手になんらかの行動を促したり、誘ったりする話法です。

外出先から帰社した営業マンが汗をふきながら「事務所暑いね（パターンA）」と言った場合、暗に冷房をつけて、冷房の温度を下げてと伝えているように感じます。勘のいい人なら冷房のスイッチを入れるなり、温度設定を変えてくれるでしょう。

会話的要求②の基本公式

自分の状況をほのめかす

↓

相手が察知してなんらかの行動をする

冷房の温度下げますね！
この部屋暑いね…
28c

直接命令や指示をするのではなく、現状を伝えることで相手を行動させる言葉づかいです。相手は自分の意志で行動したと思いますが、実はさりげなく誘導されています。

直接的な命令は かえって逆効果

パターンAは、発している言葉は疑問形ではありませんが、話しかけられた相手はやはり「YES」「NO」のどちらかの反応になります。そして、それが「YES」であれば、なにかしらの行動としてあらわれるのです。

そんなまわりくどいことをせず、「〜してよ」と言えばいいと思うかもしれません。ところが、やりなさいと言われるとやりたくなくなるのが脳の特性。何度もくり返されれば、「あの人はいつも私に命令ばかりする」と、抵抗感が強まってしまいます。

会話的要求②を成立させるためには…

- 相手がその気持ちに賛同してくれることが、相手を行動へと導きやすくするカギ
- 相手が勘のいい人（きちんと空気を読める人）であることが条件になる
- 同じ手法だけでなく、さまざまな誘導話法を使うことで、相手にこちらの意図を気づかせないようにする

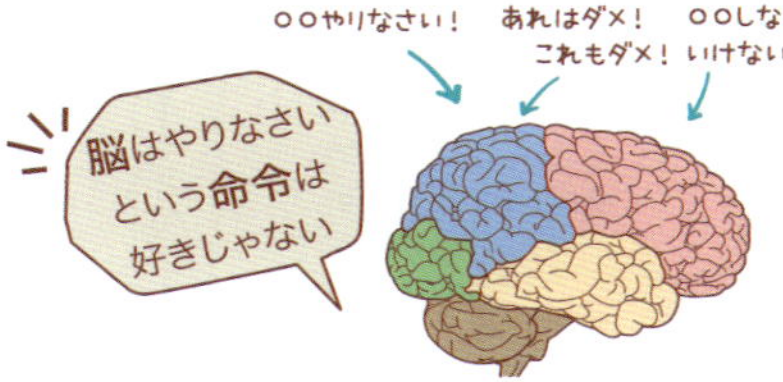

脳は誰かから命令されたり、制限を加えられると「反発」を強める性質を持っています。

相手を「YES」の気持ちにさせるのがポイント

誘導話法 ミルトンモデル③

会話の中にさりげなく自分の望むことを埋め込む

〜埋め込まれた命令〜

「〜するとこう感じる」と伝えて行動させる

「こういう時って、コーヒーでもあると落ち着くよね」のように、会話の中に相手にしてほしいことを埋め込む表現です。キーワードとなる言葉（ここでは、コーヒー）を強調すると、さらに誘導力が強まります。

この話法も直接命令するのではなく、さりげなく相手に選ばせるような発言になっていて、これが誘導話法のキモなのです。

埋め込まれた命令の基本公式

相手を誘導したい内容

＋

をしてくれたら、

＋

うれしいなぁ／助かるなぁ

相手に望む行動がなされたら、うれしいというように婉曲的な表現なので、相手はすんなり受け入れてしまいます。

明日の朝までに
プレゼン資料が
そろっていると
助かるなぁ…

誘導話法 ミルトンモデル④

聞き出したいことを会話に埋め込む ～埋め込まれた質問～

相手に抵抗感を与えず スマートに答えを引き出す

業績がすこぶる上昇中の企業の取締役に好調の秘密を聞く際、直接的に「成長戦略を話してください」と問うよりも、「御社の成長戦略にとても興味があるんです」と質問を文章の中に隠します。婉曲《えんきょく》的な表現をすることで心理的な圧迫感が減り、相手は自然と答えやすくなるのです。

また、埋め込む形ではなく、あえて間違えて聞くことで正しい情報を得る方法もあります。

埋め込まれた質問の基本公式

相手から聞きたいこと

＋

（を話してくれたら、）

＋

うれしいなぁ／興味があります

「教えてください」「話してください」と直接的に伝えるのではなく、「～うれしい」「～興味があるんです」と自分の気持ちをプラスするだけで、相手はなぜその話を聞きたいのかがわかるため、心には納得感が生まれ、答えてもらいやすくなります。

誕生日は10月だったよね？
いいえ 6月よ
わざと間違えて正しい情報を引き出す方法も！

誘導話法 ミルトンモデル⑤

否定されると余計に心がくすぐられる ～否定命令～

否定形を理解できない脳を利用する

「私の机、絶対あけないでね」と言われたら、逆にあけたくなってしまいます。脳はひねくれもので、「～しないで」と言われると、逆に「～したく」なるのです。

これは、〝脳が否定形を理解できない〟ことが影響しています。脳は最初に「～」を思い浮かべてからそれを打ち消そうとします。すると、それをしたくなる気持ちが大きくなるのです。

脳は「～しないで」と言われるとかえって気になってしまう

私のことは気にしないでいいですから…

本音は「気にかけてほしい」と思っています。とくに心に余裕がない時に、少しひねくれた表現をしがちです。

こう言われた時の脳の反応は

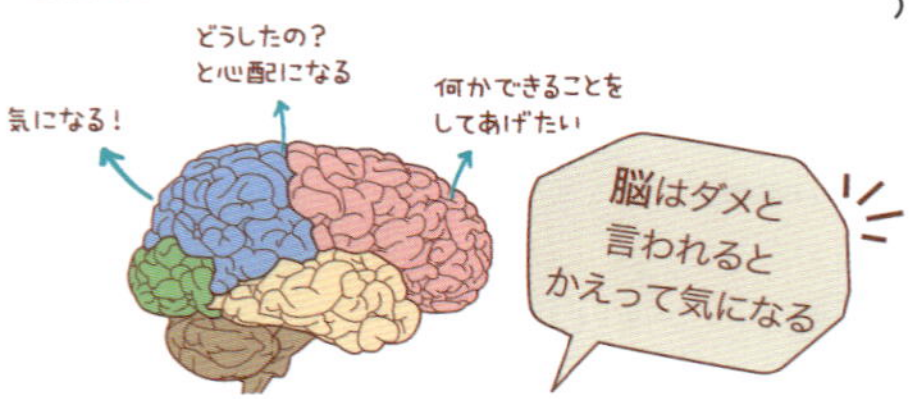
気になる！
どうしたの？と心配になる
何かできることをしてあげたい
脳はダメと言われるとかえって気になる

否定形を使って相手の行動を促す

この心理をあえて活用するのが、〝否定命令〟という話法です。「資料の山、無理してかたづけなくていいからね」と言えば、心のやさしい相手なら「手伝いますよ」と返答してくれる可能性があります。ここがポイントです。

「資料かたづけといて」と命令されると、相手は少なからずやらされた感を抱きます。しかし、自分から「手伝います」といった場合にはその人本人の意志であり、かつ公言したことは守ろうとするので本人も不快な気持ちを感じにくいのです。

否定命令の基本公式

相手にやってほしいこと

＋

をしなくていいからね

「～するな」と言われると、かえってしたくなってしまう、脳の特性を利用した誘導方法です。「～したくないでしょ?」という質問形式にしてもOKです。

原因や理由を述べて行動させやすくする

～因果関係～

行動しやすいのはどっち？

仕事を頼まれる時に、突然「明日の朝までにA社の見積書作っておいて」と言われるのと、「さっきA社の社長から連絡があって、明日の11時に先方に行くことになったんだよ。その時に見積書があると話が早いから、明日の朝までに書類作っておいて」と言われるのでは、後例のほうがスムーズに見積書を作成できるのではないでしょうか。

原因・理由を先に述べると相手はスムーズに行動できる

脳はいろいろなことを一度に考えられません。そのため、疑問を与えずに行動させる方法として、原因・結果をあらかじめ述べておく方法が効果的です。

取引先に資料を提出する時…

A 「資料を見ていただけますか」

B 「コスト削減に役立つはずなので、資料を見ていただけますか」

どちらが、取引先に見てもらいやすいかといえば、Bのほうです。要望に理由づけがされていることはとても重要です。
かつ、先方にメリットがある理由をつけるとさらに見てもらえる可能性が高まります。

脳は「理由づけ」されるとすんなり受け取ってしまう

先に理由を述べておけば相手の抵抗感が減る

脳は疑問を感じると行動を制限してしまいます。先ほどの前例では、見積書が朝までに必要な理由がわからず、取りかかったとしても脳はさまざまな思考に邪魔されることがあります。

それに対して、後例ではきちんと理由を示しているために、その必要性を理解して見積書の作成ができるのです。

脳はとても怠け者。そのため、原因や理由を先に述べておくことで、疑問を持たずに（原因と直接関係なかったとしても）納得して受け入れてしまうのです。

因果関係の基本公式

A（理由・原因）によって、

↓

B（状態・行動）になる

ある行動（B）をするために、Aという理由を述べておくと、相手はすんなり理解して、抵抗感がなくなります。

しかし、実は…

この因果関係は正しくなくても成立する

「コピー取りたいから
先にコピーを取らせてください！」

めちゃくちゃな理由ですが、ハーバード大学の研究では、単に「コピーを取らせてください」と言った場合よりも、格段に順番を譲ってくれた割合が多かったと報告されています。

意味づけをして相手の抵抗感を減らす

～複合等価～

意味づけされることで脳はすんなり受け入れる

「企画を出すということは、会社の舵取りをしていることなんだ」。要は企画を出してほしいということですが、例文のように言われたほうが積極的に行動しやすくなります。

なんらかの事柄に対して、意味づけされると、相手は抵抗感なく受け入れられるようになります。因果関係と同様、脳が〝歪曲〟を受け入れてしまうのです。

複合等価の基本公式

基本公式1 「～というのは、～を意味する」

なんらかの(誰か)のB(状態・行動)

||

A(理由・原因)を意味している

「チーム作業(B)というものは、お互いを尊重しつつ進めること(A)なんだ」というように、なんらかの事柄(B)に対して、意味づけ(A)をすることで、相手を納得させやすくなります。

基本公式2 「～だと、～だよ」

A(理由・原因)があることは

||

B(状態・行動)である

「君が仕事をがんばってくれる(A)と、こちらも励みになる(B)よ」という発言も、複合等価に当たります。言われた本人は、がんばろうとやる気を出してくれるでしょう。

誘導話法　ミルトンモデル⑧

接続詞を挟んで後の文を無意識に受け取らせる　～接続詞～

接続詞を挟むことで文章に関係性を持たせる

「A。そしてB」「A。それからBになる」のように、AとBに関係性があるように表現すると、脳はたとえAとBに直接関係がなかったとしても言葉のまま受け取ってしまいます。

「この間の企画書よかったぞ。それでもって、今日のプレゼンも頼んだぞ」というように、文章の間に接続詞を挟むことで本当に伝えたい後の文をすんなり受け入れさせることができるのです。

接続詞の基本公式

基本公式1

A。そして、B。

A「○○商社との商談うまくいったそうだね。それじゃあ、次の企画も頼んだぞ」B

基本公式2

A。それから、B。

A「今日はいい天気ね。それから、B そろそろプレゼン資料を仕上げてね」

※公式1も2も、Aの部分には、事実を用いることがポイント。

「そして」「それから」などの接続詞で後の文がスムーズに受け取られる

誘導話法 ミルトンモデル⑨

状態を継続させる言葉で自然と行動に導く

~時間の継続を表す前提~

前提を組み込んで相手にメッセージを

「仕事をこなしていくうちに、新しいアイディアがわいてくるよ」

その状態を継続させている言葉（「~するうちに」「~しながら」「~の間に」など）を使って相手にメッセージを伝える話法です。

相手の印象に残りやすいのは後半ですが、前半で仕事をこなすということを〝前提〟に話していて、脳は気づかずに仕事をこなすことを受け入れています。

時間の継続を表す前提で使われる言葉

- ~しながら
- ~するうちに
- ~の間に など

「資料をまとめる」という前提が隠されていて、自然に相手に資料をまとめさせるように誘導しています。

「前提」として伝えると相手にメッセージが届きやすい

その他に前提として使われる言葉

● 順序を表す言葉

例 最初の／最後の／次の／3番目に など

「デートに行ったら、最初にどこで買い物する?」

（デートに行くことが前提）

● 選択させる言葉

例 それとも／あるいは など

「プレゼンは今日の午後にする? それとも明日?」

（プレゼンをすることが前提）

● 意識の叙述語

例 知っている／気づいている／実感する など

「気づいているかわからないけど、ますますプレゼンがうまくなっているね」

（プレゼンがうまいことが前提）

● 副詞と形容詞

例 早く／深く／簡単に／5W1H など

「どれだけ早く仕事を終えるのかが問われるね」

（早く仕事を終えるのが前提）

● 時の変化の動詞と副詞

例 始める／終わる／やめる／開始する／続ける／進行する／すでに／まだ／今だに／もう など

「その仕事を終えた後に伝えることがあります」

（仕事を終えるのが前提）

● 注釈の形容詞と副詞

例 幸運にも／運よく／必然的に／おもしろいことに など

「幸運にも、僕たちは出会えたね」

（出会ったことに対して運がよいということが前提）

選択できるように見せかけて実際の選択肢はひとつ ～ダブルバインド～

どっちを選んでも実は同じ内容

「今、経費精算してもいいし、会議後にやってもいいぞ」といった場合、一見選択させているようでいて「経費精算をする」という行為自体はやることが〝前提〟です。やる時間帯にのみ選択肢を与えていますが、結局、どちらもやるように誘導しています。

それでも相手は選択させてもらっていると感じ、抵抗感なくどちらかを選んでしまうのです。

ダブルバインドの基本公式

A と **B** どっちにする?

どっち?
どっち?♥
私の誕生日
夜景のキレイな
レストランと
高級中華どっちに
する?
どっちも
高そうだな…

誕生日に食事に行くことが前提に隠されています。相手はどちらかを選ばなくてはいけない心理状態になります。

「ダブルバインド」も前提のひとつのパターン

誘導話法 ミルトンモデル⑪

一般化して当たり前のことのように思わせる ～一般化～

一般化することで例外をなくす

「いつでもあなたのお役に立ちます」「みなさんお試しになられていますよ」というように、物事を一般化する話法です。

「いつも」「すべて」「あらゆる」といった言葉を利用することで、相手にこれは当たり前のことだと思わせることができます。

また、「～べき」「～しなければならない」「～できる」といった必要性や可能性を示す方法も有効です。

一般化で使われる言葉

- いつも
- すべて
- みんな
- どこでも
- ～べき
- あらゆる
- 必ず

etc…

一般化はビジネス向きでない場合もありますが、「みなさん、導入していただいて、コスト削減に成功されていますよ」というように、営業トークとして活用ができます。

「YES」を言わせる質問を続け本題にも「YES」を言わせる ～YESセット～

小さな「YES」をくり返し大きな「YES」をもらう

ビジネス会話の指南書やキャッチコピーなどでもおなじみなのが〝YESセット〟と呼ばれる話法。

確実に相手が「はい」と答える簡単な質問をいくつか積み上げて相手に「はい」と答えやすい心理状況にしておき、最後にこちらの真の依頼などを伝えることで「はい」の回答をもらいやすくするのです。

「ねえ、ちょっと、○○さん、資料整理手伝ってくれる?」

これも〝YESセット〟になっていることがわかるでしょうか。相手がいちいち口に出して「はい」と答えなくても、相手が「はい」のマインドになっていればよいだけなので、十分に活用できます。

また、相手がいちいち反論するタイプの人であれば、〝NOセット〟で応用することもできます。

KEYWORD

【 YES セット 】

相手が必ず「YES(はい)」の返事を返すような問いかけを重ね、少しずつ別のところに導いていく表現方法。小さな「YES」を続けることによって、「NO」と言いづらい状況になるという特徴を活かした会話の手法。

「YESセット」&「ダブルバインド」の活用事例

営業　「今日は貴重なお時間ありがとうございます」

取引先　「大丈夫ですよ(=YES)」

営業　「さっそく本題に入らせていただいていいでしょうか。先日ご紹介した商品の件ですが…」

取引先　「どうぞ(=YES)」

営業　「ご紹介した商品Aと商品Bは、どちらの導入を先に考えられますか？」 ダブルバインド

取引先　「まあ、 Aのほうが必要かなとは思っている…」

営業　「やはりそうですか、私もそう思っていました！」では、話をまとめましょう」

取引先　「ああ、頼むよ(=YES)」

あまり同意しない相手には「NOセット」

反論ばかりの相手

反論ばかりして、なかなか「うん」と言わない相手であれば、「NOセット」を活用できます。相手が「NO」と答える質問を何回か積み上げげて、最後も「NO」と言わせましょう。

誘導話法 ミルトンモデル⑬

情報の一部を削除して相手のイメージを膨らませる

～言葉の削除～

意図的に情報を伝えず相手にゆだねる

主要な名詞や比較対象など、情報の一部をあえて伝えないことで、相手に相手の体験に合わせて勝手にイメージを広げてもらうことができます。イメージ戦略の手法のひとつとして、商品のキャッチコピーなどでもよく使われています。

88ページで紹介した〝削除を取り戻すメタモデル〟の逆で、4パターンあります。

KEYWORD 【逆メタモデル】

一般的に12種類に分類されるメタモデル違反を効果的に行うミルトンモデルの使い方。単純削除・比較削除・指示詞の欠如・不特定動詞・名詞化・因果関係・複合等価・マインドリーディング・ロストパフォーマティブ・全称限定詞・必然性／可能性のモダルオペレーター・前提がある。

「削除」に関する逆メタモデルの4つの例

パターン1 「単純削除」

主要な名詞などを削除することで、相手が自分の体験に合わせてその空白を埋められる言葉かけです。相手のイメージを膨らませることができます。

「積極的な人は、こういったことが得意なんですよ」

「あなたが求めていることは、とてもすばらしいですね」

パターン2 「比較削除」

他の何と比べて最上なのか、どこがどれくらい優れているのかをあえて削除することで、相手にさらにいいものがあるとイメージさせることができます。

「最高級の食材を用意して、お待ちしています」

「今までよりも、ずっとやりがいを持つことができます」

パターン3 「指示詞の欠如」

語られている名詞について具体的に内容を述べない表現方法です。省略されている内容を、相手にゆだねることができます。

「世界中のセレブが注目しています」

「ユーザー層もだんだんと増えていきます」

パターン4 「不特定動詞」

具体的に何が起こったのかということを伝えない表現方法です。具体的な内容は相手が勝手に解釈し、頭の中で自由に補ってもらうことに意味があります。

「あなたは、あなたの中の新しい自分に気づきます」

「この経験で、あなたは変化を体験するでしょう」

「芳醇な香りの1杯を今宵のおともに…」

相手の心をわかっているかのように誘導する ～マインドリーディング～

相手の心を読み解くように相手を導く

“マインドリーディング”とか“読心術”と呼ばれる手法で、相手の心をあたかも読み取っているかのように表現します。それによって、最終的に相手を導きたい方向へ誘導します。

「私はあなたのことをわかっているよ」というパターンと、「あなたは私のことをわかってくれているよね」というパターンの2種類があります。

マインドリーディングの2つのパターン

パターン1

私はあなたのことをよくわかっているよ

「あなたがどれほどの思いで仕事をされているのかはよくわかっています。日々気配りをされ、より効率よく進める方法を考え、並々ならぬ努力をされていらっしゃいます」

【例】すでにご存じでしょうが…／わかっているよ

NO とは言えない

パターン2

あなたは私のことをわかっているよね

「私がこの企画にかけている思い、わかってくれているよね？」

【例】考えたことない？／わかっているよね？

NO とは言えない

誘導話法 ミルトンモデル⑮

比喩や例え話ですんなり受け入れさせる ～メタファー～

例え話を通じて相手にメッセージを送る

「例えば～」というように、例え話をすることで、相手にわかりやすく伝える手法です。

ただし、それだけでなく、例え話の中に何らかのメッセージを託して、相手に間接的に伝えることもできます。

子どもの頃に読んだ人も多いでしょうが、『ピーターとおおかみ』という物語から、〝ウソをついてはいけない〟と心はメッセージを受け取っているのです。

メタファーの2つのパターン

『ピーターとおおかみ』の話などはこっち

パターン 1

ホモモルフィック メタファー

映画や物語を読んで、登場人物のステイト（状態）や感情が自分と重なるような感覚になる例え表現。

パターン 2

イソモルフィック メタファー

「例えば～」というように、表現したい内容を別の例え（アナロジー）にして相手にわかりやすく伝える表現方法です。

あー、頭ん中ぐちゃぐちゃ～
本に付箋を貼るみたいに整理するんだよ

誘導話法 ミルトンモデル⑯

誰かの言葉を引用して相手に伝える
～引用～

伝聞にすることで相手は素直に受け取れる

「部長が早く勤怠表提出してって言ってたぞ」というように、自分以外の誰かの言葉として相手に伝える話法です。直接目の前にいる人に「～しなさい」と言われるよりも、スムーズに受け取られやすいのです。

「部長が、○○さん（相手の名前）最近元気ないんじゃないかって心配してたぞ」というように、相手を気づかう時にも使えます。

引用の2つのパターン

パターン 1

間接的に埋め込む

◎◎(人の名前など)が言っていたけど、
▲▲っていいよね。

パターン 2

直接的に埋め込む

◎◎(人の名前など)が言っていたけど、
○○(相手の名前)、▲▲しなさいって。

部長
部長が、
早く企画書仕上げて
くれるとうれしい
なぁって言ってたぞ

人の言葉を借りて相手に伝えることで、相手も抵抗なく受け取りやすくなります。吹き出しの例では、P.108で紹介した「埋め込まれた命令」も組み合わされています。

誘導話法 ミルトンモデル⑰

声の調子や大きさ、トーン、しぐさで特定の言葉を印象づける
～アナログ・マーキング～

特定の言葉を印象づける非言語の使い方

相手に何かを伝えるには、〝言語〟だけでなく〝非言語〟も重要です。非言語には声の調子や大きさ、トーン、イントネーション、スピード、話の間といった〝パラバーバル〟と顔の表情や身振り手振りといった〝ノンバーバル〟があります。

このパラバーバルとノンバーバルを活用することで、特定の言葉を強調して印象づけることができます。

アナログ・マーキングの構成要素

パラバーバル	ノンバーバル
● 声のトーン	● 顔の表情
● イントネーション	● 身振り
● 抑揚	● 手振り
● 話すスピード など	● 態度 など

↓

伝えたいメッセージ部分を強くマーキング

Let's Try!!

- 言葉の内容と声のトーンなどのパラバーバル、しぐさなどのノンバーバルを一致させよう。
- 重要なメッセージを話す時には、いつも同じポーズや姿勢、声のトーンにしよう。

言葉づかいのテクニックだけでなく魅力的な人であることが大切

誰でも、上から目線で「これをやってくれ」「何でやらないんだ？」と言われると、おもしろくない気分になるでしょう。たとえ言われたことに納得していても、どこかでカチンときてしまいます。

そんな時は、言葉の使い方をほんの少し変えるだけで、スムーズにことが運んでいきます。言葉はうまく使えば、甘い潤滑油のように、またかたくなな心をフライパンの上で熱せられたバターのようにとろけさせる魔法の力を持っているのですから。

そのために、あなたが今まで使っていた言葉にほんの少しの注意を向けてほしいのです。また、そのうえであなたのパーソナルパワー（人間力）を高めていくことも必要になってきます。

小手先だけの言葉の使い方だけではいつかボロが出てしまう可能性があるからです。言葉を用いるあなた自身の〝あり方〟（存在、態度、アイデンティティ）や、〝行い〟（行動や考え方）が問われているということを覚えておいてください。

そうはいっても、聖人君子のように振る舞えと言っているのではありません。あなたがあなたらしく、個性豊かで魅力的な人として、成長を続ける人であってほしいということ。

もし、そんな人に頼まれごとをされたら「イヤ！」なんて言えますか？

第5章

心を整理する「視点」&「五感」の法則

堂々巡りをくり返したり、イヤな過去にとらわれていたり、心のトラブルは後を絶ちません。しかし、視点の捉え方や五感を巧みに使いこなすことで、より自分らしいマインドで毎日を過ごせるようになります。その方法をご紹介します。

視点を変えて心を整理①

心が堂々巡りをしてしまう時の抜け出し方

迷い、悩みから心を解放するNLPのスキル

何かに迷ったり、堂々巡りをくり返す、過去の不快な思い出に悩まされているような場合に、心の中をすっきり整理するスキルを紹介していきます。

本章では一人で実践できるスタイルで紹介しますが、周りで同じような状況にある人にあなたがリードし、本人が解決できる方向に導くために活用することもできます。

悩んでいる相手がいたら心を解放させるようにリード

企画書を出そうと案を練っているんだけど、同じところでひっかかって前に進まないんだよね…

じゃあさ、今の自分を傍観してみるとどんな感じ？　自分自身にアドバイスするなら？

さえない顔してる。もっと、自分の意見に自信を持っていいんじゃない

堂々巡りをくり返している相手に対して、アドバイスするのではなく、相手が自分自身で今ある状況を変えられるようにリードしてあげましょう。答えは必ず本人が持っています。

傍観者の視点に立ってみよう

つらい、悲しい、寂しい、どうしていいかわからないなど、心に元気がない時、あなたはその状況に身を置いてその感情を味わってしまっています。すると、解決法を見つけるにも時間がかかり、つらい時間を長く過ごさなくてはなりません。

そんな時はその状況を外から〝傍観〟するように、一度視点を移動させてみましょう。

ジェットコースターに乗っている瞬間を思い出してください。猛スピードで駆け抜けるコースターに乗り、風を感じ、スリルを味わっています。まさに当事者です。NLPではこれを〝アソシエイト〟と呼んでいます。

それに対し、ジェットコースターに乗っている自分を外から眺めている状態が傍観者で、怖さもスリルもとくに感じません。この状態をNLPでは〝ディソシエイト〟と呼んでいます。

自分の置かれている立場をイメージすることで、〝当事者〟と〝傍観者〟に瞬時に切り替えることができます。傍観者の視点に立つことで、浸っている感情から分離しやすくなるのです。

つらく悲しい時には「アソシエイト(当事者)」の立場から「ディソシエイト(傍観者)」の立場に視点を変えてみましょう。反対に楽しく幸せな時は、どっぷりとその感覚を味わいましょう。

視点を変えて心を整理②

視点を上げると問題がちっぽけなものに見える

視点を上げることで状況の捉え方が変わる

傍観者の視点に立つことで、つらい感情から抜け出せると紹介しました。次は、そのまま視点を高く上げるようにイメージ。悩んでいる自分の姿がどんどんちっぽけなものに見えてきます。

これによって、抱えている問題が大した問題でないと感じることがあるでしょう。また、眼下に広がる広い世界にも気づくことができるかもしれません。

まずは傍観者になって視点を上げてみよう

STEP 1	傍観者の視点になる	当事者視点を外れることで、同じ悲しみでも感覚が変わってくる。
STEP 2	少し視点を上げてみる	問題を冷静に見られ、どのように対処すべきかがわかってくる。
STEP 3	さらに視点を上げてみる	視野が一気に広がり、今まで見えていなかったものが見えてくる。

このようなステップを踏むことで、問題に対して多角的に捉えることができ、問題を解決しやすくなります。

「視点を上げる」と問題を解決しやすくなる

多角的な見方で感覚を変化させる

想像してみてください。上司2人が揉めていて、あなたはその仲介役です。仲介する〝当事者〟の立場では、どうしよう、イヤだなという自分の感情が強いはずです。

しかし、〝傍観者〟の視点に立つことでどんなことで揉めているのか、両者の言い分も冷静に聞くことができるようになります。さらに、視点を上げていくと、言葉は悪いですがくだらないことで揉めているなあと、物《もの》見《み》遊《ゆ》山《さん》のような大きな気持ちで捉えることができるのです。

視点を上げていくと受け取る感覚が変わっていく

揉めごとの仲介役をしなくてはいけない時

通常の視点

揉めていてイヤだな。面倒なことになっているな…

少し視点を上げる

揉めている原因はなんだろう。両者の言い分は?

さらに視点を上げる

くだらないことで揉めているなあ。ちょっとおもしろそうだぞ

抱えている不快な気持ちも、視点を上げるだけで解決策が見えたり、その状況をおもしろがって見られるような寛大な心に変化させることができます。

複数の選択肢を選べずに迷う時の解決方法①

誰かの意見は関係ない 答えはあなたの中にある

複数の選択肢が存在するから迷うわけですが、心の中で何を望んでいるかは、すでに決まっていることが多いのです。そんな時に誰かの後押しがほしくなるのでしょうが、誰かに意見を求めるのは間違いです。

選べない場合は、それぞれのメリットを全部紙に書き出して並べてみると決断しやすくなります。

迷っている選択肢から答えを見つける方法

まずは、本当に答えが決まっていないか自分に問いかけてみましょう。それでも迷っているなら、以下の方法を試すのがおすすめ。

おすすめ 1

メリットを書き出す

それぞれの選択肢のメリットのみをすべて書き出します。見比べてどちらがよいか判断の参考にしてみましょう。

おすすめ 2

コインの表裏を利用する

コインの表と裏、どちらが出たらどうするかを決めておき、コイントス。結果が出て、その結果に「ほっとする」場合はその結果に従いましょう。残念だと思ってしまった場合には、出たコインと逆の答えを選択するとよいでしょう。

答えは「すでに決まっている」ことがほとんど

視点を変えて心を整理④

複数の選択肢を選べずに迷う時の解決方法②

ひとつを選ぶだけでなく〝いいとこ取り〟はできないか

2つの選択肢で迷っていたとしましょう。その時、そこからひとつを選ぶだけが答えではありません。それぞれの〝いいとこ取り〟ができないかを考えるのです。第3の選択肢を作ってもいいですし、両方とも挑戦するという答えがあってもいいのです。そうすることでよりよい答えになることも少なくありません。

この手法は企画を練る時などにも活用できます。

両方とも選択するなど新たな選択肢を増やす

2つの選択肢で迷っている時

第1の選択肢	第2の選択肢

↓

「どちらかを選ぶ」だけが答えではない

Let's Try!!

他の選択肢を考えてみよう

- それぞれのいいところ取りをした選択肢を考える
- 2つを両立させることはできないかを考える
- まったく違うよりよい方法はないかを考える など

視点を変えて心を整理⑤

苦手な相手とうまく付き合っていくためのヒント①

自分の受け止め方を変えることは可能

特定の人とうまくいっていない時、「イヤミを言ってくる」「アイツは人をこき使う」というように、相手のよくないところに目がいきがちです。

しかし、相手の本当の思いや気持ちに目を向けることができれば、よりよいコミュニケーションをとれるのです。そのためにも、あなたの受け止め方を変えることは重要なのです。

変えられるのは自分の心だけ

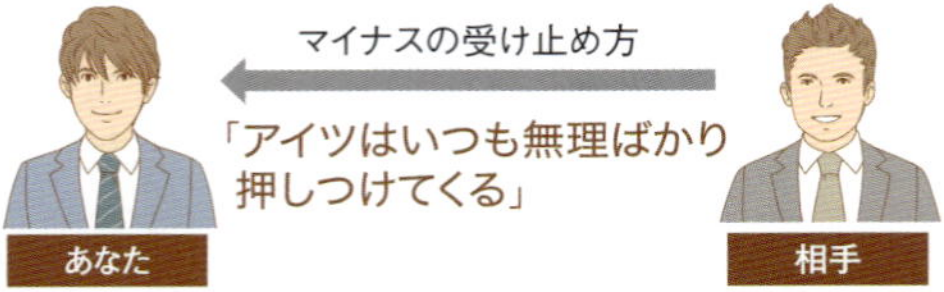

マイナスの受け止め方
「アイツはいつも無理ばかり押しつけてくる」
あなた
相手

マイナスの受け止め方では、相手のイヤな面ばかりが目につきます。また、自分もイライラやムカムカを募らせるだけ。

だから

自分の受け止め方を変える

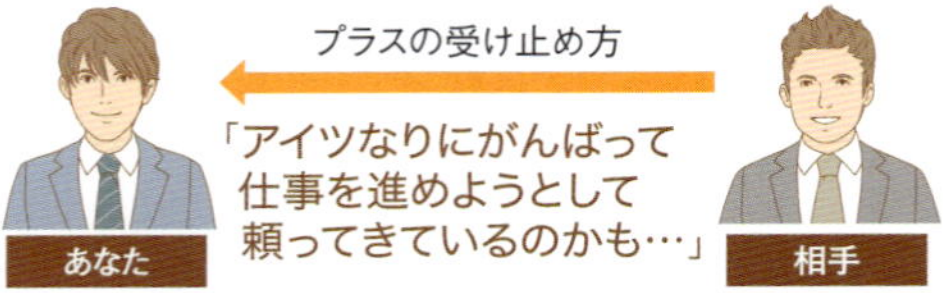

プラスの受け止め方
「アイツなりにがんばって仕事を進めようとして頼ってきているのかも…」
あなた
相手

自分の受け止め方ひとつで、相手への感じ方が変わってきます。自分の心も広くなって、前向きになることができます。

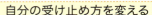

もう1人の自分になって冷静に観察

対人関係がうまくいっていない場合の解決方法のひとつは、〝もう1人の自分になって自分を観察してみる〟ことです。

人は案外自分のこと以外は冷静に見られるものです。そこで、自分とそっくりのもう1人の自分の視点から自分の態度や話し方を観察してみるのです。すると、相手の発言の意図も理解しやすくなります。

さらにそれによって、自分の態度を変化させていけるのです。また、不快なことを言われてもあまり気にしなくなります。

自分を外から見ている自分の視点で観察

先輩からいつもイヤミを言われる時

自分
自分を外から見ている自分
なるほど…先輩は私を指導してくれていたのか…
外からの視点だと、いろいろなことに気づける

客観的に観察することで…

- ひどく落ち込まなくなる
- 相手の真意を理解しようという気持ちになれる
- 自分はそのような態度はとらないと教訓にするなど

視点を変えて心を整理⑥

苦手な相手とうまく付き合っていくためのヒント②

第三者の視点に立って意見を整理

自分と相手以外の〝中立の立場〟である第三者の視点に立つことも対人関係の悩みに有効。第三者の視点で自分と相手の言い分を冷静に聞き分けると、どこにお互いの理解できない点があるのかがあぶりだされます。

感情論ではなく、真に解決すべき問題があるのであれば、それを明確にすることでうまくいく可能性があるのです。

中立の第三者の視点に立って冷静に問題解決を図る

相手といつもぶつかってしまう時

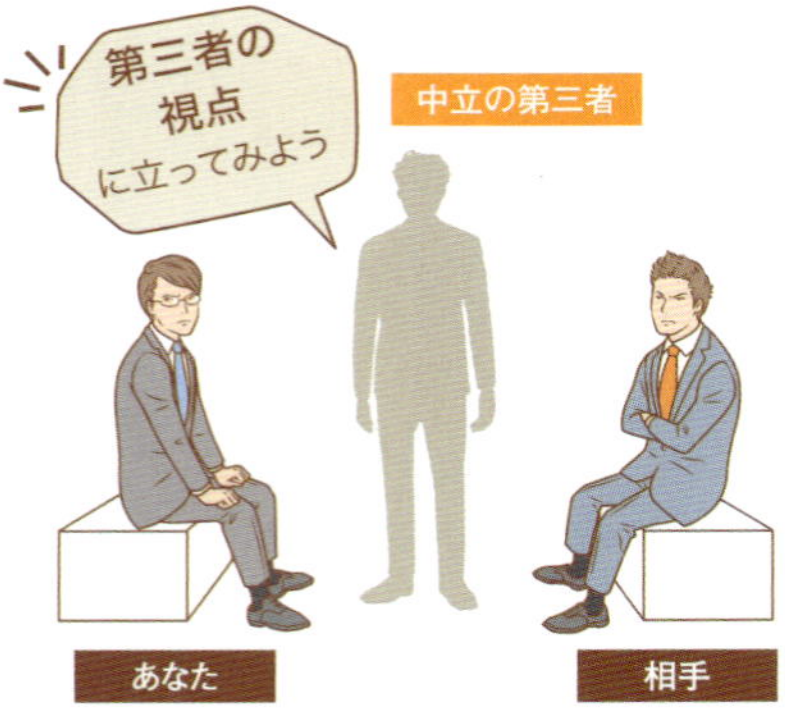

折り合いが悪く、衝突してしまうような相手との関係改善には、第三者の視点が有効です。できれば、その第三者はあなたが素直に意見を聞き入れられる人に設定するとよいでしょう。問題を冷静に把握し、お互いの意見を整理します。

応用すれば戦略構築にもつながる

ポジショニングのスキルを応用したものに、「ディズニー・ストラテジー」があります。ウォルト・ディズニーが問題解決や戦略に役立てていた手法のため、このような名前がついています。

ディズニーは、ドリーマー（夢想家）、リアリスト（現実家）、クリティック（批評家）のポジションの意見を自分の中でたたかわせることで、夢を現実化させることに成功してきたのです。

この時に大事なのは、それぞれの立場にしっかりとなりきり、明確に区別することです。

「ディズニー・ストラテジー（戦略）」による問題解決

ポジション 1
夢想家（ドリーマー）
「ああしたい」「こうしたい」と夢を語るポジション。

↓

3つの「ポジション」から意見をぶつけて解決策を探るスキル

↑

ポジション 2
現実主義者（リアリスト）
夢を実現するために、現実的な方法論を考えるポジション。

ポジション 3
批評家（クリティック）
全体に対してチェックをするポジション。

実際にウォルト・ディズニーが問題解決に用いていた方法なので、「ディズニー・ストラテジー」と呼ばれています。

五感を活用して心を整理①

イヤな思い出に対する感じ方を変える方法

五感を使ってイヤな感覚を調整する

物事はすべて五感を通じて受け止めていることはお伝えしました。イヤな思い出も五感を通じて、あなたの心に居座っています。ですから、イヤな感覚を変化させることで、あなたの受け止め方は必ず変化していきます。

いい思い出に変えるということではなく、不快な気持ちがなくなったり、気にならなくなればいいのです。

イヤな思い出に対する感じ方が変わる五感の法則

イヤな思い出、悲しい思い出 など

↓

五感の構成要素を変化させる

すると

思い出に対する感じ方が変わる

「イヤな思い出、不快な思い出は一生イヤな思い出として付き合っていかなくてはならない」。そんなことはありません。

KEYWORD 【サブモダリティ】

表象システム(☞P.52)の中の細かな副次的要素。視覚的サブモダリティには、色・形・動き・明るさ・距離など。聴覚的サブモダリティには、音量・音程・テンポなど。身体感覚的サブモダリティには、圧力・温度・感触・においや味などがある。また、アナログの変化とデジタルの変化(ON/OFF、2D/3D、静止画/動画、ステレオ/モノラルなど)もある。

五感の要素をよいものに変化させる

例えば、〝プレゼンで緊張のあまり上手に話せず、みんなの失笑が聞こえた〟という思い出なら、視覚的なイメージを小さくしたり、遠くにしてみたり、色調を変化させてみましょう。

また、みんなの笑い声のボリュームをゼロにし、心が落ち着くBGMを流してみてもいいでしょう。あとは自由に、自分の心地よい感覚になるように五感を変化させるだけです。

このように、脳の中のイメージはいくらでも変化させることができるのです。

五感の要素を変化させて感じ方をよりよく調整

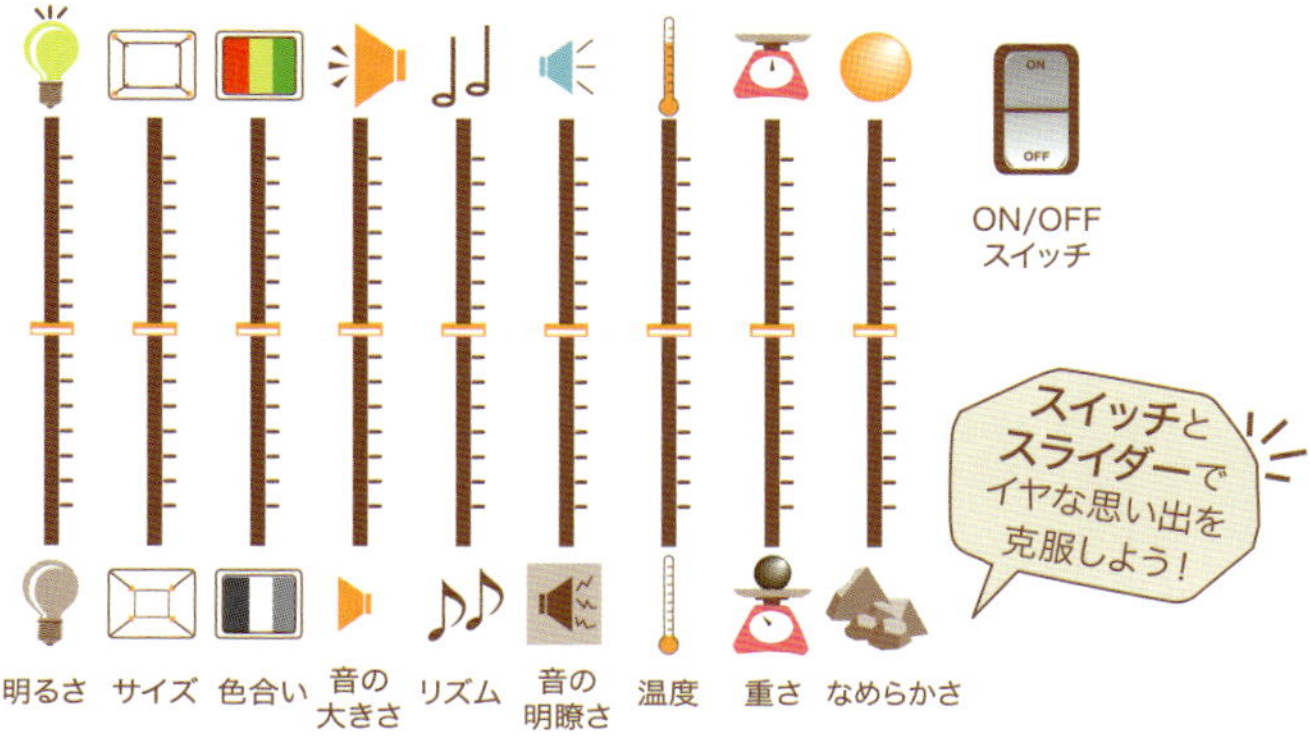
ON
OFF
ON/OFF スイッチ
スイッチとスライダーでイヤな思い出を克服しよう！
明るさ
サイズ
色合い
音の大きさ
リズム
音の明瞭さ
温度
重さ
なめらかさ

五感の要素は、それぞれON／OFFのスイッチやスライダーなどを使ってイメージの中で自由に変更できます。スライダーを変化させて、暗くてゴツゴツしている感覚を明るくてやわらかい感覚に変えるなど、自分のより心地よい感覚に合わせていくと、イヤだった思い出への感じ方も変化します。

五感を活用して心を整理②

苦手な相手を克服する方法

五感の構成要素を変化させて苦手意識を克服

前項目で紹介したように、色や明るさ、音のような五感を構成する要素のことをNLPでは、〝サブモダリティ〟と呼んでいます。サブモダリティを変化させることで、受け取る感覚を大きく変えることができるのです。

苦手な相手やものに対する感じ方を変化させることもできます。威圧的でいつも自分が縮こまってしまってしまう。そんな相手を思い浮かべ、ぎゅぎゅっとサイズを小さくして手のひらにのせます。声も甲高いかわいい声にしてしまいましょう。それだけで、相手に対する感覚は変わるでしょう。

最後に、次に相手に会った時のことを想像してください。今までのような苦手意識がなくなっていればOK。感覚はいくらでも調整できるのです。

苦手な相手も
小さくしてしまえば
思いのまま
オイッ！コラッ！

どんなに恐い相手や苦手な相手だって、自分の手のひらにのるくらい小さくイメージしてしまえば、かわいいもの。相手に対する苦手意識を持ったまま接していると、萎縮して失敗をくり返しがちになります。そのため、相手に対するイメージを変え、次回会ってもこわくないというところまで感覚を変えてしまいましょう。

五感を活用して心を整理③

幸せな感覚は五感を使ってより大きく

ハッピーな感覚にひたってパワーチャージ

サブモダリティは、過去の不快な思い出や苦手なものだけに役立てるものではありません。

幸せや成功というハッピーな出来事に対する感覚を、さらに好ましく大きなものに変化させることができます。そして、その感覚にどっぷりと身を置くことで、パワーチャージすることができるのです。もちろん、その時の視点は〝当事者〟です。

アソシエイト（当事者）とディソシエイト（傍観者）の上手な使い分け方

ネガティブな感覚	ポジティブな感覚
苦手なもの、悲しい思い出 など	うれしいこと、幸せな思い出 など
↓	↓
ディソシエイト	アソシエイト

「幸せな感覚」は当事者の立場で存分に味わって

幸せな気持ちに満たされていたり、楽しかった思い出にひたる時は、当事者の立場で存分に味わってください。これによって、エネルギーが充満します。

“視点を上げる”ことで冷静に自分自身を見つめることができる

例えば、あなたがどこかのコーヒーショップの片隅で頭を抱えるほど悩んでいたとしても、隣に座っている人がその悩みに気づかないのは当然です。悩みは、あなたの頭の中でだけ起こっていることだから。

そして、悩みの海の中にどっぷりつかっていると、何も見えなくなってしまいます。そのため、解決の糸口もなかなか見い出せません。

でも、あなたが充実している時に、あなたの友人が悩みを抱えていたとしたら、客観的にその悩みの本質を見つめながら何か役に立ちそうなことを伝えてあげるのではないでしょうか？

そうです。自分以外の視点になれば何が大切か見えてくるのです。

さらに、例えば神が存在するとして、神様の視点から見たならばどうなるでしょう。冷静に見えてくる周りの状況や、人や自分の心の動き…。まったく違った景色がそこに広がってくるのを感じるはずです。

自分自身が冷静に自分を見つめられるようになってはじめて、今まで思いつきもしなかったアイディアや援助があなたの目の前にあらわれます。

ですから、悩んだ時は視点を変えることを意識してみてくださいね。

第6章

ひとまわり成長する「手放し」の法則

「私は何もできなくて…」。なんて、つぶやいてしまう瞬間があるかもしれません。しかし、それは自分の可能性を制限してしまう、役に立たない思い込み。そういった思い込みの枠を取っ払うことができるコミュニケーションスキルを紹介します。

ビリーフの存在

「役に立たない信念」を壊して自由になろう

自分の限界を自分で決めていませんか？

本章では〝役に立たない信念（＝ビリーフ）〟を壊して、制限のない自由な発想を広げられるようになるための〝言葉かけ〟について紹介していきます。

NLPのスキルのひとつに、相手を自由にしてあげる言語パターンである〝スライトオブマウス〟というものがあります。

〝スライトオブマウス〟は、大数学者ポーヤ・ジェルジの「Patterns of Plausible Inference 理論」を基礎にしており、NLPではるかに使いやすい形でスキルとして活用されています。

自分に対して行うこともできますし、周りの人で役に立たないビリーフ（以降、ビリーフと記載）によって自分を制限してしまっている人がいたら積極的に活用することで、その呪縛を解いてあげてください。

本当？
今、僕とちゃんと
話ができている
じゃない？
私、なんにも
できないんです…

14パターンのスライトオブマウス

❶ フレームサイズを変える(Change Frame Size)
視点の位置やサイズを変化させる。

❷ 意図(Intention)
そのビリーフによって守られているものに気づく。

❸ 現実ストラテジー(Reality Strategy)
いつ、どのようにそのビリーフが生まれたのか。

❹ 反証(Counter Example)
その人にとって、そのビリーフに反することはなかったのか。

❺ 世界モデル(Model of the World)
世界中からそのビリーフに反する例を探す。

❻ 言葉自体に適用(Apply to Self)
使われている言葉を利用して茶化してしまう。

❼ 再定義(Redefine)
言葉をよりポジティブなものに言い換える。

❽ 基準の階層(Hierarchy of Criteria)
もっと大事にしているものに目を向けさせる。

❾ チャンクアップ(Chunk Up)
一般化して誇張し、ばかげたことだと思わせる。

❿ チャンクダウン(Chunk Down)
一部を具体化して一般化をくずす。

⓫ 結末(Consequences)
そのビリーフを持ち続けると一体どうなるのかを気づかせる。

⓬ 別のアウトカム(Another Outcome)
そのビリーフがなくなったらどんな未来が訪れるかを気づかせる。
あるいは、違う方向を示唆してあげる。

⓭ メタファー(Metaphor / Analogy)
例え話を使って、すんなり受け止めてもらう。

⓮ メタフレーム(Meta frame)
ビリーフを作っているビリーフをくずす。

ビリーフが壊れる瞬間

ビリーフを壊すために大切なのは愛とユーモア

思わず笑ってしまう瞬間がビリーフが壊れる時

次から〝スライトオブマウス〟の14パターンを紹介していきます。理論を理解することも必要ですが、それよりも重要なことは〝愛とユーモア〟だということを最初に伝えておきます。

ビリーフが一番壊れやすいのは、相手が思わず笑ってしまったり、一瞬きょとんとした瞬間。感情的にぱっと笑顔になってしまうような時だからです。

役に立たない信念を壊すカギは愛とユーモア

ほらっ！笑顔になることもできるじゃない！
えっ!?
ふふふ…

ビリーフが壊れる瞬間は本当に一瞬。「えっ?」というように何が起きたかわからないような感覚です。その後、笑顔がこぼれていたらビリーフを打ち破った証拠です。

KEYWORD

【スライトオブマウス】

役に立たない信念(=ビリーフ)を取り除くために有効な言葉かけのスキル。メタモデルの上級編ともいえるバンドラー博士の言葉の巧みな使い方をロバート・ディルツ氏が14種類に分類したもの。明確な分類ではなく、それぞれオーバーラップするものもある。エスプリの効いた会話を楽しんで!

スライトオブマウス①

捉え方の枠を広げてみると感じ方は変わる

時間や人数、対象などのサイズを広げてみる

ひとつ目は、〝フレームサイズを変える〟方法です。

〝フレーム〟とは、事実で変えられないものだと相手が思っている事柄です。その〝サイズ〟や〝時間軸〟を変えることで、新しい気づきをもたらすことができる手法です。それによって、A（＝事実・現象）は必ずしもすべてB（＝感情・意見）に結びつくわけではないことに気づいてもらうことができます。

フレーム枠を広げてビリーフを壊す

彼女を食事に誘った時

今日、母親が来るんだよね…

持っているビリーフ

母親が来る＝一緒に食事はできない

A:事実・現象　B:感情・意見

そこで

じゃあ、お母さんも一緒にどう？

彼女のビリーフを取り除くために、お母さんも一緒に食事に行くという「人数」のフレームサイズを上げた提案（Aという事実は、必ずしもBと結びつくわけでなない）をしています。

「フレームサイズ」や「時間軸」を変えることで、ビリーフを壊す

スライトオブマウス②

生きるうえで重要なビリーフもある

ビリーフは自分を守るためにも役立っている

〝ビリーフ〟には、もちろん〝価値あるビリーフ〟もあります。

「赤信号では止まる」といったものも、交通事故から身を守るために必要なビリーフといえそうです。

「必ず朝はやってくる」「止まない雨はない」というビリーフなら、困難な状況にあっても、「いつかうまくいく」と前向きになることができるでしょう。

自分を守ってくれる
役立つビリーフもたくさんある

役に立つ ビリーフ	役に立たない ビリーフ
＝ 自分を守ってくれたり、人生の支えとなるもの。	＝ 自分を制限してしまうもの。

「役に立つビリーフ」はそのまま大切に！

ビリーフには、人生の糧になってくれる役に立つものもたくさんあります。「止まない雨などない」というビリーフなら、明るい未来を期待してがんばる支えになるでしょう。

そのビリーフにも価値がある！

価値あるビリーフではないものの、A（＝事実・現象）の枠組みを価値あるものに変える（壊す）ことで、B（＝感情・意見）を変えざるを得ないことがあります。これは〝意図〟と呼ばれる手法です。

「私は存在感がうすくて、会ったことのある人にもはじめましてって言われるんです」という営業マンがいたとします。この一見マイナスだと思われる事実を価値のあるものだと思わせるにはどうしたらいいでしょう。発想の転換がポイントです。

相手が見ているフレームをかけかえてビリーフを壊す

私は存在感がうすくて、会った人に覚えてもらえないんですよ…

持っているビリーフ

存在感がない＝覚えてもらえない

A：事実・現象　B：感情・意見

そこで

それってお得じゃないですか？
そしらぬ顔してまた訪問しちゃえばいいんですよ

存在感がないという現象を「お得だ」と変化させることで、ビリーフを壊しています。しかも、相手がマイナスだと思っていることが、実は役に立つという方向性も示しています。

「意図」は、相手のビリーフを価値あるものに変化させる

スライトオブマウス③

ビリーフが生まれた瞬間を具体的に探る

いつ・どこでそのビリーフが生まれてしまったのか

「話が上手じゃないから、取引先相手に気に入ってもらえない」という同僚。この場合にはA（＝事実・現象）と思っていること自体、ビリーフです。

そんなビリーフを壊して発想を広げるひとつの方法が〝現実ストラテジー〟。いつ、どのようにビリーフが生まれたのかを探っていくことで、相手を制限するものから解放するのです。

いつ、どのようにそのビリーフが生まれたのかを探る

話が上手じゃないから、お客さんに気に入ってもらえない…

持っているビリーフ

話が上手じゃない ➡ 気に入ってもらえない

A：事実・現象　B：感情・意見

そこで

いつからそう思っているの？それって誰かに言われたの？

「話が上手じゃない」というビリーフがいつ、どのように生まれたのかを明らかにする質問を投げかけます。すると、本人が事実だと思っていたことは、実は思い込みだったと気づいてもらえます。

本人の思う事実は「単なる思い込み」と気づかせる手法

スライトオブマウス④

例外が一度でもあれば それが気づきになる

そうでなかったことは一度もない？

次に〝反証〟という方法を紹介します。ビリーフに対して、「今までにそうじゃなかったことって、一度もない？」「絶対に？」と問いかけるのです。

その人の人生の中での例外を引き出すことで、信じているビリーフは〝真理〟ではなく、単なる〝思い込み〟だと気づかせるのです。さらに、そこからうまくいく方向に視点を誘導させていくと、より効果的です。

本人の人生の中から例外を引き出して ビリーフを壊す

いつもみんなに
迷惑ばかりかけちゃう…

持っているビリーフ

自分の行動＝いつも迷惑をかけている

A：事実・現象　B：感情・意見

そこで

迷惑をかけなかった経験が
ないわけじゃないよね？

一度でもビリーフが成立しない瞬間があったと気づかせて、「いつも～」というビリーフを壊します。さらに、「どうすればみんなが喜んでくれると思える？」など、うまくいく方向に視点を移行させることも大事です。

「証明（＝ビリーフ）が成立しない」と気づかせる

スライトオブマウス⑤

ビリーフに対する違う見方を提供する

世界中からあてはまらないモデルを探す

〝反証〟が相手の人生の中からあてはまらないケースを探したのに対し、ここで紹介する〝世界モデル（世間モデル）〟は、広い世界の中からその人以外の例外を見つけることで、ビリーフを壊していきます。

「失敗ばっかりでうまくいかない…」という相手に、「エジソンは、何回失敗したか知ってる？」というようなものです。

**世界中から例外を引き出して
ビリーフを壊す**

新規案件が採用されないのは
発想力がないんだ…

持っているビリーフ

案件が採用されない ➡ 発想力がない
A：事実・現象　B：感情・意見

そこで

**あのディズニーも発想力が
足りないって、
新聞社を解雇になってるんだよ**

本人は「発想力がない」と思い込んでいますが、ディズニーのエピソードを話すことで、広い世界で考えたらその思い込みは大したことないと気づいてもらうのです。

**「世界視野」で捉えれば
あてはまらない例がたくさんある**

スライトオブマウス⑥

相手の使った言葉をそのまま使って解釈を変化させる

相手の発言を逆手にとって茶化してしまう

　相手の口から出た言葉を利用して、相手の視点や解釈を変化させる方法に〝言葉自体に適用〟というものがあります。

「自信ないんだ」という相手には、「自信ないことに自信があるのかい?」と答えたら一瞬キョトンとするでしょうし、「私なんてどうなってもいいんだ」と投げやりになっている相手には、「どうなってもいいなら、幸せにもなれるね」と答えたらいかがでしょう。

言葉を上手に切り返してビリーフを壊す

こんなにうまくいかないなら
もうどうなってもいいって思っちゃう

持っているビリーフ

うまくいかない ➡ どうなってもいい
A:事実・現象　B:感情・意見

そこで

そうだよ
うまくいかないことに
うまくいかなければいいんだよね

相手の口から出た言葉を使って、うまく切り返す方法です。ネガティブな発言をしている場合、普通は「そんなことないよ」などの返答があるでしょう。ですから、「そうだよ」と肯定されただけでまずはきょとんとします。

「ちょっとした言葉遊び」で相手の笑顔を引き出す

スライトオブマウス⑦

言葉をポジティブに役立つものに表現し直す

言葉の捉え方をよりよく表現する

「この案件、難しいんだよ」という相手に、「チャレンジしがいがあるね」というように、相手が口にする言葉をよりポジティブに言い換えるだけで、相手の捉える感覚は変わってきます。

この手法を〝再定義〟と分類しています。

日常のあらゆる場面で活用できますので、さりげなく言い換えてみましょう。

言葉をポジティブに捉え直して ビリーフを壊す

締め切りに
追われているんだよ…

持っているビリーフ

締め切りがある ＝ 追われている

A：事実・現象　B：感情・意見

そこで

必要とされているなんて
幸せなことじゃない

「追われている」という言葉を、よりポジティブに「必要とされている」と、表現し直しています。似たような意味を持つ言葉でも、表現を変えることで、ニュアンスや感じ方は大きく変わってきます。

「ポジティブな言い換え」で 感覚がよりよく変わる

スライトオブマウス⑧

もっと大事で価値のあるものを探して目を向けさせる

もっと大事なものに気づかせる

「プレゼン資料にミスがないか心配だ」というビリーフを抱えている相手に、「資料の心配よりも、企画を伝える思いが大事なんじゃない？」というように、「〜のほうが大切（大事）なんじゃない？」と返してあげることができます。

より大事なものに気づかせることで、ビリーフが壊れるのです。これを、〝基準の階層〟と分類しています。

より大事なものに焦点を当ててビリーフを壊す

自分のせいで、みんなを
手伝わせるはめに。申し訳ないな…

持っているビリーフ

みんなを手伝わせている ＝	申し訳ない
A：事実・現象	B：感情・意見

そこで

手伝ってくれる人が
いるってことに
感謝するのが大事じゃない？

今抱えている思い込みや悩みよりも、もっと価値のあることに焦点を向けさせる表現です。「〜のほうが大切じゃない？」「〜が、大事だよね？」と返答してあげましょう。

もっと「大切なもの」「価値あるもの」に気づかせる

スライトオブマウス⑨

大げさにしてばかげたことだと思わせる

俯瞰して、取るに足りないものだと思わせる

相手の〝ビリーフ〟によって作られている思い込みの枠を超えて、笑い飛ばすことで違う視点に立ってもらう方法。それが〝チャンクアップ〟です。チャンクとは、固まりを意味し、チャンクアップとは、物事をより大きな固まりとして捉えること。

相手が事実だと思っていることを大げさにしたり、茶化したりします。

大げさに捉え直して
ビリーフを壊す

話下手で
人前で話ができないんだよ…

持っているビリーフ

話下手だ	＝	人前で話ができない
A：事実・現象		B：感情・意見

そこで

じゃあ話しかけられている
俺は人間じゃないってことか？

チャンクアップされることで、物事は大げさに一般化されて誇張されます。それによって、ばかげているような状況になって、相手にそのビリーフが取るに足りないものであることを気づかせます。

**物事を大げさに「一般化」すると
ばかげた感じになる**

スライトオブマウス⑩

ビリーフの一部を具体化して一般化を壊す

ビリーフを小さくすると粉々になる

〝チャンクアップ〟と反対の〝チャンクダウン〟について説明します。どんな構成要素がビリーフを作っているかという点に着目するのがポイントです。「話が上手じゃない」という場合、どんなことが集まってビリーフが作られたかを明確にします。「話が上手じゃない」と結論づけた条件やどこまでできて、どこからできないのかなど、詳細を明らかにしていくのです。

ビリーフ構成要素を明らかにして ビリーフを壊す

話が上手じゃないから、お客さんに気に入ってもらえない…

持っているビリーフ

話が上手じゃない➡気に入ってもらえない

A：事実・現象　　B：感情・意見

そこで

気に入ってもらえないっていうのは、どんな点で思うの？

「現実ストラテジー（P.156参照）」と似ていますが、「チャンクダウン」は何が集まってそのビリーフを作っているかを明確にしていきます。話が上手でないための条件を明らかにしながら、ビリーフを壊します。

ビリーフの「詳細」を明らかにするとつじつまが合わなくなる

スライトオブマウス⑪

そのビリーフを持ち続けているとこの先どうなるかに注目

ずっとそう思ってたら一体どうなっちゃう？

ここで紹介する〝結末〟は、今持っているビリーフを持ち続けることでどうなってしまうかに注目してもらい、こんなよくないことがあるよと気づかせて相手の気持ちを変化させる手法です。

「私は何もできない」という相手には、「じゃあ、もう一緒に飲みに行けないのね」と言葉をかけるのもいいかもしれません。

ビリーフを持ち続ける未来を明らかにしてビリーフを壊す

経験がないから何もできないの…

持っているビリーフ

経験がない ➡ 何もできない

A：事実・現象　B：感情・意見

⬇ そこで

じゃあ、今まで食べたことのないぐらいにおいしい料理も食べられないし、飲んだことのないおいしいお酒も飲めないし、出会ったことのないようないい男とも付き合えないねぇ～

「ビリーフを持ち続けると、こんなよくないことがあるかもしれない」とほのめかすことで、ビリーフを手放してもらう表現方法です。少し茶化すくらいのほうが、相手の気もゆるみます。

そのままだと「展望がない可能性」を示唆

スライトオブマウス⑫

ビリーフがなくなった未来に目を向けさせる

そのビリーフがなくなったらこんないいことがある!

抱えているビリーフがなくなったらもっと明るい未来があると気づかせるのが〝別のアウトカム〟です。アウトカムとは結果や成果という意味です。

この手法は単独で使うこともできますが、その他のスライトオブマウスをいくつか組み合わせてビリーフの価値のなさに気がつかせてから、ビリーフがなくなった時の未来を見せるという流れで活用するのも効果的です。

ビリーフがなくなった未来を明らかにしてビリーフを壊す

経験がないから
何もできないの…

持っているビリーフ

経験がない → 何もできない

A:事実・現象　　B:感情・意見

そこで

すごいじゃん
経験が積めたら
なんでもできちゃうね!

「ビリーフがなくなれば、こんなにいいことがある」とほのめかすことで、ビリーフを手放してもらう表現方法です。あるいは、違う方向に導いてあげることもできます。

それがなくなったら「違う可能性が広がる」ことを示唆

スライトオブマウス⑬

例え話を使って相手の意識を違う方向に向けさせる

例え話はすんなりビリーフを壊す

例え話や格言、名言を持ち出す手法を〝メタファー（125ページ）〟と呼びます。

これは、自分の意見として直接相手にぶつけないため、相手もすんなりと受け止めやすくなるという特徴があります。

「〜って誰かが言ってたよ」「〜ってヤツがいたよ」というように、誰かの伝聞にする手法もあります。

例え話を利用してビリーフを壊す

後輩の○○は仕事を覚えるのが遅くてダメだ

持っているビリーフ

後輩の仕事の覚えが遅い ＝ ダメだ

A：事実・現象　B：感情・意見

そこで

うさぎと亀の話みたいに最後は亀が勝つかもよ

格言や名言、例え話などを利用して、相手のビリーフを取り除く方法です。単に「ダメじゃないわよ」と否定するよりも相手はすんなり受け止めます。他のスライトオブマウスとオーバーラップすることもあります。

「自分の意見にしない」から相手も受け止めやすい

スライトオブマウス⑭

ビリーフを作っているビリーフを壊す

根本のビリーフを壊して今抱えるビリーフも壊す

相手が抱えるビリーフの基盤を作っているさらなるビリーフを壊すことで、今抱えているビリーフも必然的に壊れるという手法です。

取引先の相手に、「まだ付き合いが短いしな～（この後には、信用できないが隠れている）」と言われた場合、この相手には「他人を簡単に信用するな」というビリーフが隠されています。この根本のビリーフを壊すのです。

ビリーフを作っている基盤のビリーフを壊す

取引先相手との商談の場で

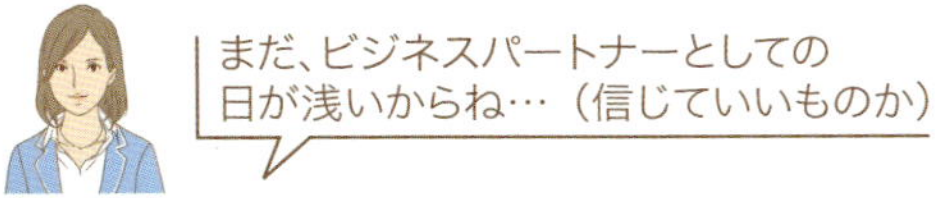
まだ、ビジネスパートナーとしての日が浅いからね…（信じていいものか）

持っているビリーフ

他人を簡単に信用してはいけない

そこで

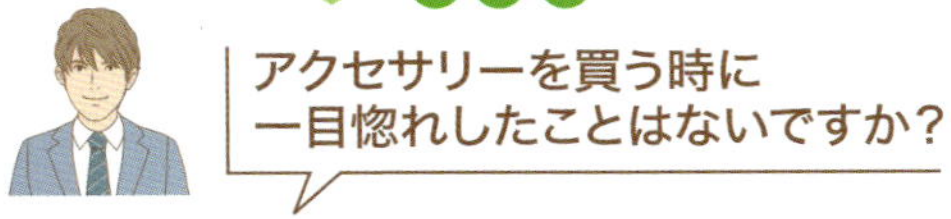
アクセサリーを買う時に一目惚れしたことはないですか？

取引先相手が持っているビリーフの根源にあるビリーフは、「他人を簡単に信用してはいけない」というものです。このビリーフを壊すように挑戦していけば、その上層部にあるビリーフも打ちくずすことができます。

「思い込みを作っている思い込み」を探して壊す

“役に立たない思い込み”を手放すことであなたの未来は大きく変わる

あなたが何かをしようとした時やあきらめようとする時、あなたはあなたの中にある声に従っています。

たとえ他の誰かの意見に従ったつもりでも、それを最後に決めたのはあなた自身です。

あなたの中の声だけがあなたの世界や可能性を広げることができ、同時に、あなたの限界を創りあげてしまうこともあります。

しかし、そのすべてはあなたの脳の中で起こる化学反応に過ぎません。

あなたが今まで、見たり聞いたり感じたことのすべてがあなたの脳の中で情報となり蓄積され整理されて、それをもとにあなたの行動や思考が形作られているに過ぎないからです。

だったら、それを変化させることも容易なことだと気づいてください。

気づいた瞬間から変化は訪れます。

あなたの中の〝役に立たない思い込み〟はきっぱり手放しましょう。

それによって、あなたの中で聞こえる声も驚くほど変わっていきます。

その声はあなたを応援し、正しく思考、決断させ、正しい行動に導くものになるはずです。

第7章

過去と未来を活用する「時間軸」の法則

過去・現在・未来。私たちはそういった時間軸を持って生きています。しかし、脳にはその区別も、また時間という概念さえありません。そこで、このメカニズムを活用して過去と未来を自由に行き来し、今の生活に役立てていきましょう。

時間の概念

脳にとっては、過去も今も未来も区別がない

タイムスリップは実現できる

時間を巻き戻すなんて不可能な話と思われるかもしれませんが、実は瞬時に脳はそれを実現してくれます。

初恋の相手を思い出してみてください。それが幼稚園生の頃か、小・中学生の頃か、つい最近のことかはそれぞれでしょうが、ふっとその人のことを思い浮かべることができます。そして、甘く切ない思い出としてぽっと心が温かくなったりするのではないでしょうか。

脳にとって、時間という概念はありません。意識を向けたものに対してのみ焦点が当たり、それに対して同じように神経細胞が反応する仕組みになっています。ですから、例えば、過去にタイムスリップすることで、過去の財産をよりよく生きるために活用することもできるのです。

脳には時間という概念がありません。ですから、意識を向けた瞬間にその時間に滞在することができるのです。過去にも未来にも一瞬で飛んでいけます。NLPではこの脳の仕組みを活用していきます。

成功している未来の自分にも会える

同じように意識を未来に向けると、未来の体験を〝今〟してしまうこともできます。

未来で起こる成功体験をすでに十分味わっておくことで、未来に備えて必要なことがわかったり、その時を迎えるまでの心の準備ができるなど、実現への道が早まります。そして、未来での成功体験を一度でも体感することで、今を生きるうえでの〝自信〟にもつながるのです。

本章では、未来に意識を向ける方法も紹介していきます（177ページ）。

脳のメカニズムを利用して過去も未来も自在に操る

過去はリソース

あなたの過去はすべてリソースとなって、今のあなたを支える屋台骨となっています。

よりよい未来へ

未来の成功体験を「今」しておくことで、よりよい未来の訪れに向けた準備が整います。

過去のリソース

あなたの過去はすべて今のあなたに必要なもの

過去のリソースはあなたの人生の証

「オギャー」と生まれてから今に至るまで、数えきれないほどの体験をし、たくさんの知識を習得してきた〝今まで〟の道のりは、あなたにとってすべて財産です。

NLPでは、そういったものを〝リソース〟と呼んでいます。それまで培ってきた過去のリソースによって、今のあなたがあり、そしてそのリソースはすべて活用することができるのです。

リソースの活用ポイント

POINT

過去に体験してきたことや学んできたことはすべて**リソース**として活用できる。

POINT

リソースは**サブモダリティ**（☞P.142）を活用することで、より強化できる。

例えば…

過去に、責任を持ってやり遂げて自信につながった出来事があった場合、それは立派なリソース。そのリソースを、より自分の心地よい感覚になるように五感の要素（＝サブモダリティ）を変化させることで強化できます。

POINT

リソースは自分だけでなく、**誰かのものをもらって活用する**こともできる。

例えば…

欲しいリソースを持っている人になりきることで、それはあなたのリソースになります（＝モデリング☞P194）。

過去のよくない思い出も変化させることができる

もし、過去によくない記憶があるならば、それを書き換えることもできます。

目の前に自分の歴史年表があるとイメージして、その時の様子を〝傍観者〟の立場で眺めます。傍観者であれば、感情に邪魔されず冷静でいやすいからです。

そのまま視点を上げて年表を俯瞰し、現在まで見通してください。その経験があったからこそ、今の自分があるのです。よくないと思っている過去を、あなたはすでに乗り越えていることに気づくのではないでしょうか。

過去の自分年表を広げてみよう

「自分年表」を傍観者の視点で眺めてみよう

- よくない記憶と向き合う時には、必ず傍観者視点で
- 年表にあるものはすべてリソース
- よくない記憶をよい記憶にする必要はないが、サブモダリティを変化させて気にならなくさせる

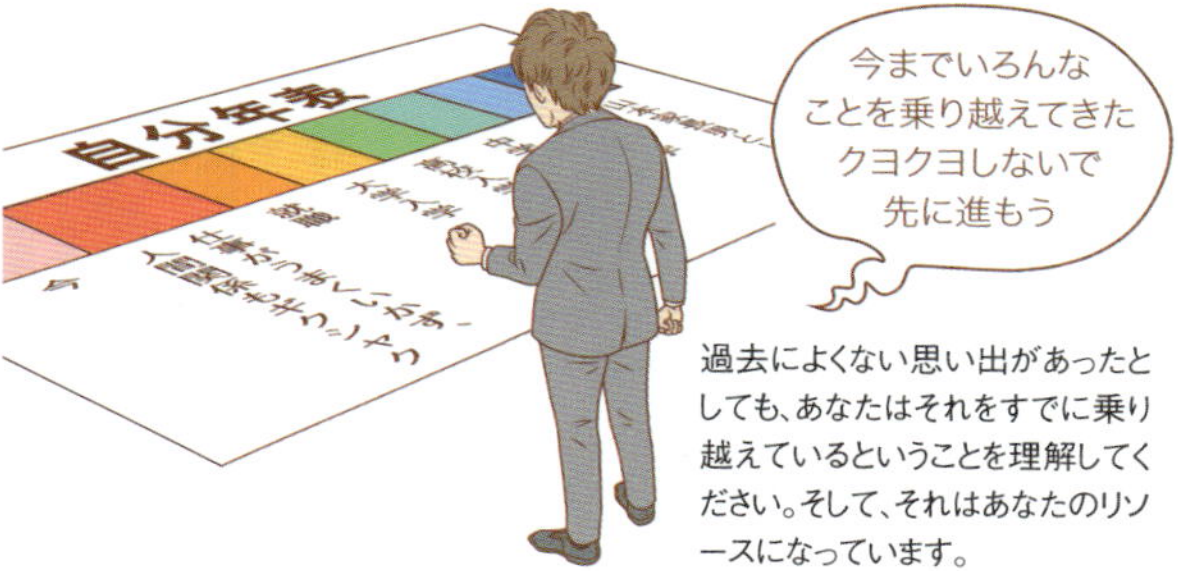
自分年表
今までいろんなことを乗り越えてきた クヨクヨしないで 先に進もう

過去によくない思い出があったとしても、あなたはそれをすでに乗り越えているということを理解してください。そして、それはあなたのリソースになっています。

未来の成功体験①

成功した未来を体感して実現の近道を作る

成功体験が未来の成功を実現させる

脳の仕組みを利用すれば、〝過去〟だけでなく、〝未来〟も活用できます。未来の成功体験を行うことで、その成功への道は近づき、実現しやすくなるのです。

スポーツ選手もイメージトレーニングとして実践しています。成功した時の感覚を十分に味わってその状態を覚えると、自然に成功イメージに近い体の動きができるようになるのです。

イメージトレーニングのメリット

- 成功体験をしている時の感覚を味わうことで、その感覚を体に覚えさせることができる。実際に**成功につながりやすくなる**
- 一度、成功体験をしてしまうことで、実際にその時が訪れても**パニックを起こすことがなくなる**
- 実際にその状態を迎える時に**緊張しにくくなる**

一定レベル以上のスポーツ選手が必ずといっていいほど取り入れているイメージトレーニング。精神的な面はもちろん、身体的にも有益に働きます。

「イメージトレーニング」は成功への近道

成功している自分を五感たっぷりに味わう

実際にやってみましょう。まずは、〝ゴール設定〟が大切です。ゴール設定方法は41ページを参照してください。ゴールはいつ訪れるのかまで明確にしたら、目の前に自分の歴史年表があるとイメージして、そのゴール地点を把握します。そうしたら、その時点で歴史年表の中に入るように〝当事者〟の立場になります。

その時のあなたにはどんなものが見えて、どんなものが聞こえるでしょうか。そして、どんな感じがするでしょうか。それを全身で十分に感じてください。

未来の自分年表に入ってみよう

「自分年表」に当事者の立場で入ってみよう

- 必ずゴール設定をし、それがいつの時期なのかを明確にする
- 当事者の立場で未来を十分に体感する
- どんなものが見えて、聞こえて、感じるかを十分に味わう

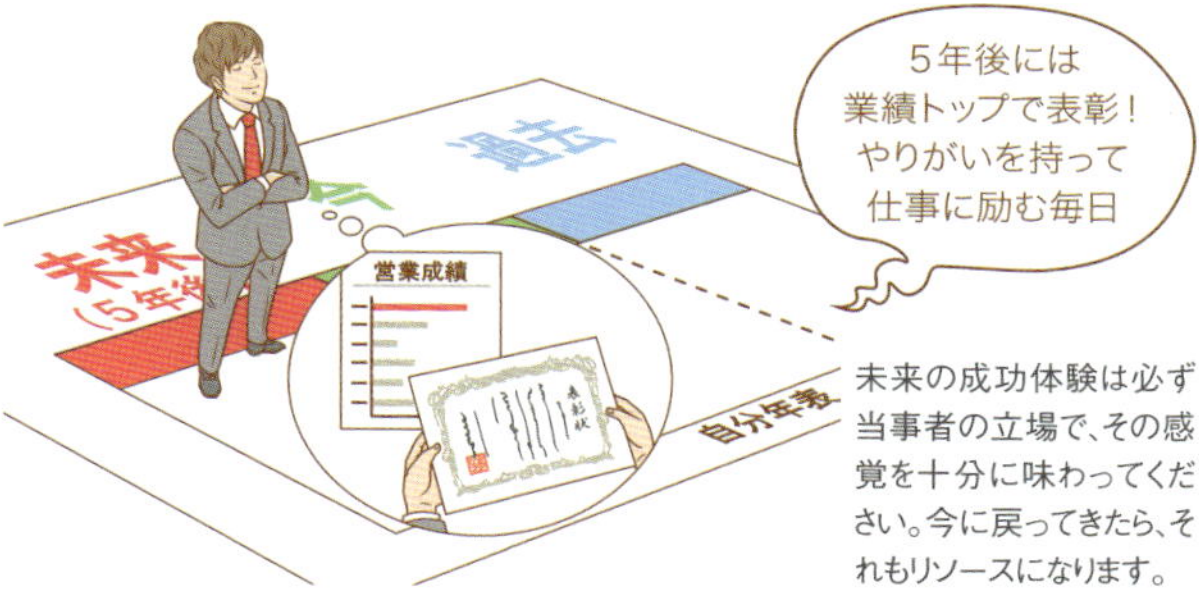
5年後には
業績トップで表彰！
やりがいを持って
仕事に励む毎日
過去
未来
(5年後)
営業成績
表彰状
自分年表

未来の成功体験は必ず当事者の立場で、その感覚を十分に味わってください。今に戻ってきたら、それもリソースになります。

未来の成功体験②

未来のあなたから見れば今のあなたは過去のあなた

未来から見た今の自分に必要なもの

未来を体感することで、未来から見れば今は過去になります。

たとえ、今悩みや迷いの最中だったとしても、成功した未来から見れば、その悩みや迷いは大したことではなかった、その悩みがあったから成功があることを証明してくれるのです。

そして、未来のあなたはそれまでに何をしてきたのか、すべてを知っているのです。

未来のあなたが今のあなたに伝えてくれること

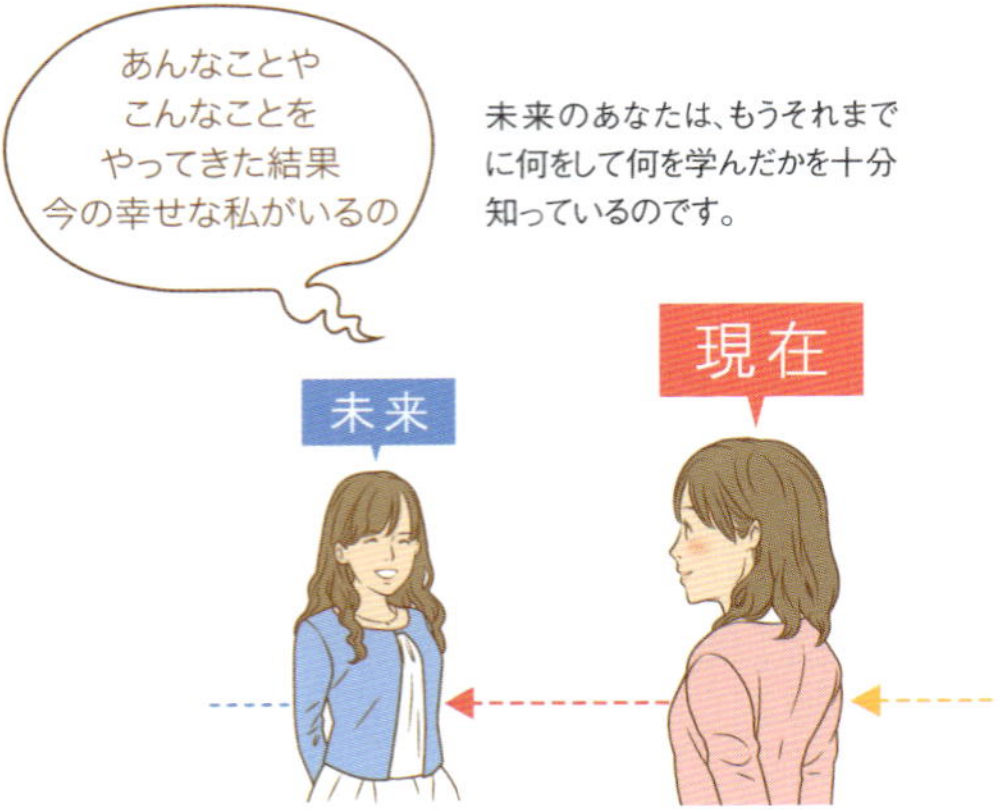
あんなことや
こんなことを
やってきた結果
今の幸せな私がいるの
未来のあなたは、もうそれまでに何をして何を学んだかを十分知っているのです。
現在
未来

「未来を体験すること」で、今に必要なリソースを手に入れる

フューチャーページング

将来その状況に立たされた時きちんと対応できるか確認

スキルは未来でうまく機能している？

NLPのあらゆるスキルは、未来の成功を目的としています。サブモダリティを変化させて苦手意識をなくすスキル（144ページ）やストラテジー（180ページ）など、脳に新しいプログラムをインストールしたら、〝フューチャーページング〟で、未来のその状況になった時にタイムスリップし、うまく機能しているか確かめてみましょう。

フューチャーページングでプログラムが適切に働くかチェック

2020年
7月
5
30分
未来の自分は
30分で資料を
ちゃんと
まとめ上げている
よゆー

仕事の効率を上げられるようにスキルを実行した場合、未来の自分がきちんとそのように動けているか確認します。

KEYWORD 【フューチャーページング】

未来ページングともいう。将来またその状況に自分が立たされた時に、どのような行動をとるか、未来の自分に意識を合わせること。

ストラテジー

成功するための戦略を練る

目標に向かって戦略を立てる方法

成功する未来を設定するタイミングは今より先であればいつでも構いません。例えば、出勤しても午前中に仕事の能率が上がらないというあなた。午前中に能率が上がらないプログラムを成功させているわけですが、できれば朝からバリバリ働けることが理想です。

人は潜在意識の働きによって感情が生まれ、その結果が行動に結びつきます。つまり、ある刺激（＝トリガー）によって導かれる潜在意識がよい感覚で終わればその後の行動は望ましい行動になります。

そこで、無意識に自分の中で起こる思考（感覚）がよい状態に導かれるようにプログラムを新しくインストールし直すのです。これも〝ストラテジー（戦略）〟のひとつです。

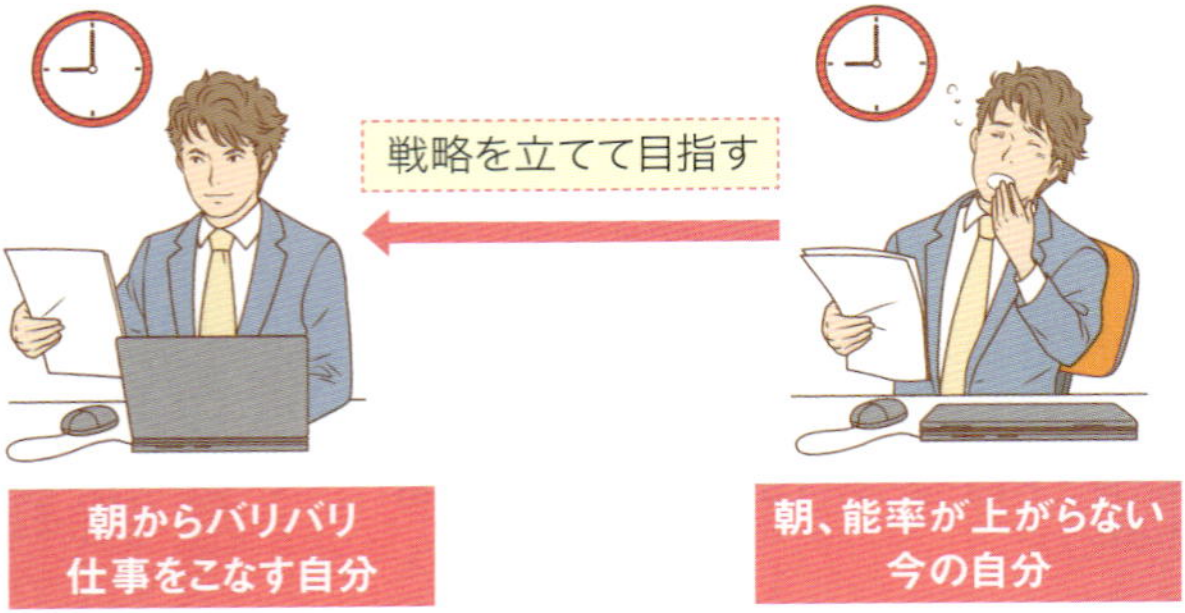

よいストラテジーの組み立て方

よいストラテジーを組み立てるには、いくつかのポイントがあります。

◎よい感覚で終わっている
◎視覚、聴覚、身体感覚のすべての表象（＋内部対話）が使われている
◎サブモダリティ（142ページ）をよりよく変化させている
◎順番が適切である

ストラテジーを組み立てたら、必ず〝フューチャーペーシング（179ページ）〟を行って、成功した未来を体感してください。

朝からバリバリ仕事をこなすプログラムをインストール

これまでのプログラム

会社のドアを開ける《トリガー》 → あー、今日も仕事かぁ…《心の声》 → 課長のイライラした顔が思い浮かぶ《視覚記憶》 → 仕事をしてもどうせ怒られる《心の声》 → **仕事の能率が上がらない**

プログラムを書き換えたら**フューチャーペーシング**を行う

新しいプログラム

会社のドアを開ける《トリガー》 → 隣の女性のおはようの声《聴覚創造》 → 書類の山がみるみる減っていく《視覚創造》 → 課長が喜んでいる《視覚創造》 → やる気がみなぎる《身体感覚》 → **バリバリ仕事をこなす**

成功をつかむ時間管理術①

今やるべきことの優先順位をはっきりさせる

その日中に終わらせたいことを紙に書く

〝やらなくてはいけないことがたくさんありすぎて、結局何も手につかない〟では、未来の成功をつかみにくくなってしまいます。そのためにおすすめなのが、〝やること（TODO）リスト〟を書くこと。頭で考えていることを紙に書き出すと、心のスペースにゆとりができます。ただし、そこに書くのはその日のうちに終わらせたいことだけにします。

やること（TODO）リストを書いて優先順位を見極める

- やることを紙に書くと、**頭の中が整理**できる
- 書き出したら、さらに**優先順位**を決める
- たくさんやることがあり過ぎても、混乱の原因に。**その日中に終わらせたいことだけ**にとどめる

「TODOリスト」を書いてやることを整理

効率よく作業を進めるためには、その日のうちに終わらせたいことのみ、紙に書き出して、やり終えたらチェックしておきましょう。

すぐにやるべきことが明確になってくる

さて、今度は先ほどの〝やることリスト〟に、それぞれの項目が達成した時に何が起こるのかを簡単につけ加えてみましょう。それは誰かの笑顔でもいいでしょうし、自分の成績につながることでも構いません。

このことで目的がより明確になりモチベーションが上がる、あるいは本当にすぐやるべきことかどうかがはっきりしてきます。

大切なのは、たとえ今は気が進まないことであっても、その結果は必ずあなたを成長させるチャンスだと気づくことです。

モチベーションが上がるやることリスト活用法

- やることリストを達成したら、**どんなよいことが起こるか**を追記する
- **目的がはっきり**し、**モチベーションを上げる**ことにもつながる

Let's Try!!

その日に**やること**と**達成したら起こること**をリストにしてみましょう。

やること

（例）見積書の作成《営業○○さんが喜ぶ》
A社と打ち合わせ《A社の売り上げアップ》
自分の営業成績もUP!!

成功をつかむ時間管理術②

超短時間で自分を売り込むテクニック

自分を売り込むために必要なのはたった30秒

時間は誰にとっても貴重ですが、とくにビジネスの現場では最速で自分のことや自分が取り組んでいる仕事のことを相手に伝える必要があります。

そのためにやっておくといいのが、30秒で自分を売り込む練習。テレビCMは15秒か30秒。ラジオでは20秒から1分です。つまり、30秒もあれば相手に情報を伝えることができるのです。

**自分を売り込むには
30秒で相手に要点を伝える**

私は○○で
△△を売っています
□□の点で
お役に立てます
おもしろそうだ
今度、連絡するよ

シリコンバレーで起業家がエレベーター内で投資家に会った時に、30秒で自分のビジネスプランを相手に伝えることができなければ、商談に未来はないと言われていることが由来の「エレベーターピッチ」という概念があります。まさにビジネスで生き残るために必要なテクニックです。

30秒でメッセージを伝えるポイント

メッセージに込めることは、①自分は誰か、②メッセージ、③どのようにしてメリットをもたらすのか、④メリットをもたらすのがなぜ自分なのか、⑤相手の行動を促すメッセージの5項目です。これを30秒でまとめるように構成します。それぞれの構成要素を書き出して、そこから組み立てます。

練習する時は、実際に声に出して、ストップウォッチなどで30秒を正確に計って行いましょう。何度もくり返すことで、時間感覚も自然と身につきます。

30秒でメッセージを伝えるポイント

Let's Try!!

30秒

POINT
①自分は誰か
自分は何者なのかを相手に伝えます。名前や何を生業《なりわい》にしているのか、などです。

POINT
②メッセージ
一番相手に伝えたいことです。商談のテーマや、提案事項がこれに当たります。

POINT
③どのようにしてメリットをもたらすのか？
相手に対して、どのようなメリットがあるのかを明確にします。

POINT
④メリットをもたらすのがなぜ自分なのか？
相手にとって、メリットをもたらすのが自分でなくてはならない理由を伝えます。

POINT
⑤行動を促す
相手に行動を促すようなアピールをします。

成功をつかむ時間管理術③

時間を守ることが相手との関係作りの基本

待っている人の時間感覚を持つ

時間の感じ方は人それぞれですが、一般的に待たせるよりも待たされるほうが同じ時間だったとしても長く感じるものです。そのため、待たされることは不快に感じやすいのです。脳は〝快〟よりも〝不快〟をよく記憶するため、〝時間を守る〟ことはとても重要です。待っている相手の立場に立った時間感覚を常に持つようにしましょう。

時間の感覚は待っている相手の立場に立って

人は待たせるよりも、待たされるほうが長く感じる。これは、脳が「快」よりも「不快」を記憶しやすいから。

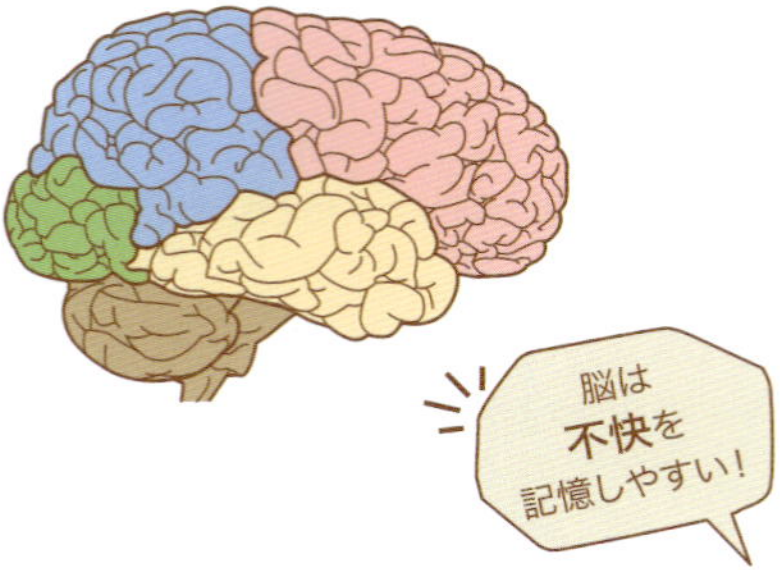

だから

待っている人の「時間感覚」を持つことが大事

時間を守ることは人間関係の基盤を作る

〝時間を守る〟ことは、相手を尊重していることを無意識のうちに伝えるメッセージになります。つまり、よりよい人間関係を築くために欠かせないのです。

〝時間を守る〟ために重要なのは、何事も集中すること。仕事中にだらだらとネットサーフィンしてしまうような時間を過ごすと、本当に重要なことが後回しにされてしまいます。

優先順位をはっきりさせ、ストラテジーをしっかりと組み立て、集中力を発揮させて効率よく時間を使いましょう。

時間を効率よく使うポイント

- 何事も**集中して行う**こと
- **優先順位**をはっきりさせること
- ゴール設定（納品期日など）までの、**ストラテジー（戦略）を組み立てる**

先日お約束の資料早めにそろったので持参いたしました
おお、ありがとう君は仕事が早いね

あまりに早すぎるタイミングだと時間をかけずに作業したと受け取られる可能性があるのでよくありませんが、期日より少し早めの提出はとても喜ばれます。

時間をコントロールできるのは〝人間〟だけ…使いこなして望ましい人生を

ＮＬＰの創始者リチャード・バンドラー博士の言葉のひとつに、

「過去はヒストリー、未来はミステリー、だから現在はプレゼントなんだ」

（※英語で〝現在〟を意味するプレゼントは、〝贈り物〟のプレゼントと同じ）

というものがあります。


私たちが過去を参照することは必要なことでしょう。でも、それにとらわれる必要はないのです。だって、過去はもう済んでしまっているのだから…。過去の経験を積んだ結果が〝今〟なのです。

たとえそれがあまり役に立たない経験であったと思っていても、そのことがわかった〝今〟から変えることができるのです。

もちろんこの先、その経験が役に立つことも必ずあるでしょう。

そして今から積む経験がよりよい未来へと続いていきます。

では、〝今〟が〝未来〟を決めるのでしょうか？

バンドラー博士は「未来はいかようにも素晴らしく変えられるから、ミステリーなのだ」とおっしゃいました。まったくその通りです。

もし、あなたが未来に明確な目標を定めたらどうでしょう。

目標に向かうために〝今〟何をすればいいのかが決まります。

〝未来〟が〝今〟を決めるとも言えるのです。

第 8 章
なりたい自分になれる「成功」の法則

あなたは、どんな成功を手にしたいですか？　さまざまな成功者をモデリングして、その話し方や振る舞い、思考の特徴がエッセンスとなっているNLPのスキルを使って、簡単に短時間でなりたい自分になりましょう。

成功に近づくスキル① アンカリング

瞬時になりたい感覚を呼び起こすスイッチ

アンカリングでなりたい状態を呼び起こす

思い出深い音楽が流れてくると、その曲に対する思い出のシーンや感情がよみがえってくることがあります。これは、〝五感で受け取った何らかの特定の情報や行動〟によって、〝他の特定の行動や記憶、または感情や衝動〟が引き起こされる条件反射のようなものです。

NLPでは〝情報（刺激）〟と〝反応（ステイト）〟を意識的に結びつけ、役立たせるスイッチを作る作業を〝アンカリング〟と呼び、瞬時になりたい状態をもたらすスキルとして活用します。

この時、その反応を引き起こすための刺激を〝トリガー（引き金）〟、それによって引き起こされる反応のスイッチを〝アンカー〟と呼んでいます。ここでは、基本的なアンカリングについて紹介します。

思い出深い音楽（＝トリガー）が流れてきて、その当時付き合っていた彼女のことを思い出してしまうことがあります。このように、刺激に対する反応を、アンカーが発火するといいます。

アンカリングを成功させる4つのポイント

〝アンカリング〟は、条件反射が起こるスイッチを意図的に作るスキルです。そのスイッチを入れることで、なりたい状態をもたらすことができます。

具体的なやり方は下記に記しますが、成功させるポイントを紹介しておきます。①アンカーを設定するタイミングは、感情が最高潮に達する直前、②特定の感情や状態（＝ステイト）がとても強い状態であること、③アンカーはユニークな刺激であること、④アンカーはリフレッシュすることができるもの。

アンカーの作り方&使い方

STEP 1　特定の感情を体験している状態に入り込む（インステイト）
ステイトとは何かを体験している状態（例えば、自信に満ちあふれたステイトなど）。ステイトに入り込んだ状態をインステイトといいます。

STEP 2　ステイトが最高潮に達する少し前にアンカーを作る
特定の感情が高まってきて最高潮に達する直前に、耳を軽く引っ張るなど、何らかの刺激を施します。

STEP 3　いったんステイトから抜けてリラックス
ステイトに入った状態（インステイト）から抜けて（ブレイクステイト）、リラックスします。

STEP 4　STEP2で作った刺激をかけてみる
STEP 2で作った刺激を施すとアンカーが発火され、インステイトした時の感情や状態が再現されれば成功。

※アンカーは視覚、聴覚、身体感覚、味覚、嗅覚すべてで作ることができます。

「アンカー」発火後、体にほわんとした心地よさが感じられればOK

成功に近づくスキル② モデリング

成功者のマネをすることで自分の行動も変わっていく

NLP誕生のきっかけとなった〝モデリング〟

NLPが誕生するきっかけになったのは、天才的なセラピストの研究からであったことはお話しました。セラピストに限らずさまざまな成功者からその言葉の使い方、姿勢、トーンや表情、反応の仕方などを研究し、それを意識的に活用していこうとするのがNLPの基本といってもいいでしょう。これを〝モデリング〟と呼んでいます。

NLPの基本といえるスキル モデリング

モデリングで意識する要素例

- 思考
- 言葉の使い方
- 姿勢
- 声のトーン
- 表情
- 反応の仕方
- 立ち居振る舞い

モデリングのすごいところ

モデリングによって自分の感覚が変わっていき、感情や能力、セルフイメージにも変化が起こってきます

KEYWORD 【モデリング】

他人の成功パターンや振る舞いを観察し、そのプロセスを体現してみること。NLPでは、行動、生理的反応、観念、価値観、内部状態、戦略などを分析していく。

理想の自分になりきって成功体験をしてしまう

〝モデリング〟とは、なりたい相手になりきることです。簡単にいえばマネをするのです。イメージの中で理想の相手となる人物の考え方や思考・行動パターン、しぐさなどをそっくりマネをし、その成功体験までを体感します。すると、その人物を通じて自分の中にその人のリソースを取り込むことができます。

現実と想像を区別できない脳のシステムにより、相手になりきる体験をすることで、現実の行動においても自然に理想の人物像のように振る舞えるのです。

なりたい人になりきって自分の能力を高めよう

プレゼンなどのパブリックスピーキング力をつけたい時には、故スティーブ・ジョブズなどのプレゼンワークを研究し、モデリングすることで能力が飛躍的にアップします。

うまくいかなかったら別の方法を試せばよい

目標達成のためのTOTE（トート）モデル

NLPでは〝失敗〟という概念はありません。何かにチャレンジした時にうまくいかなかったのであれば、別の方法を試せばいいのです。うまくいかなかった方法をくり返すよりも成功への道が近づきます。落ち込んでいるよりも、ほかの方法で果敢にチャレンジしたほうが時間の無駄も省けます。これを〝TOTEモデル〟と呼んでいます。

TOTEモデルは目標を達成したり、望む状態を実現させるために活用できる方法で、テスト（TEST）➡作業（OPERATE）➡テスト（TEST）➡出口（EXIT）の頭文字です。

味見をしながら料理の味をととのえていくアプローチ方法と似ています。そして、最終的に目指すところにたどり着いたら終了です。

この間はサンプルAでOKがでなかったから今回はサンプルBで勝負よ
サンプルB
サンプルA

何かにチャレンジしてうまくいかなかった時には、同じ方法をくり返すのではなく、別の方法を試すことで成功に近づきやすくなります。

TOTEモデルのアプローチ方法

TOTEモデルのアプローチには、〝インプット〟が必要です。仕事ができて頼られたい場合、身近にそんな人がいて自分もそうなりたいと思ったなど、何らかの感情があります。これがインプット。インプットによって、〝目指す目標〟と〝現在の自分の状態〟が表面化します。ここにどのような差があるかチェックするのが〝テスト〟です。差があれば、差を埋めるように行動します。これが〝作業〟で、これをくり返しながら〝出口〟を目指すのです。

成功に近づくための TOTE モデル

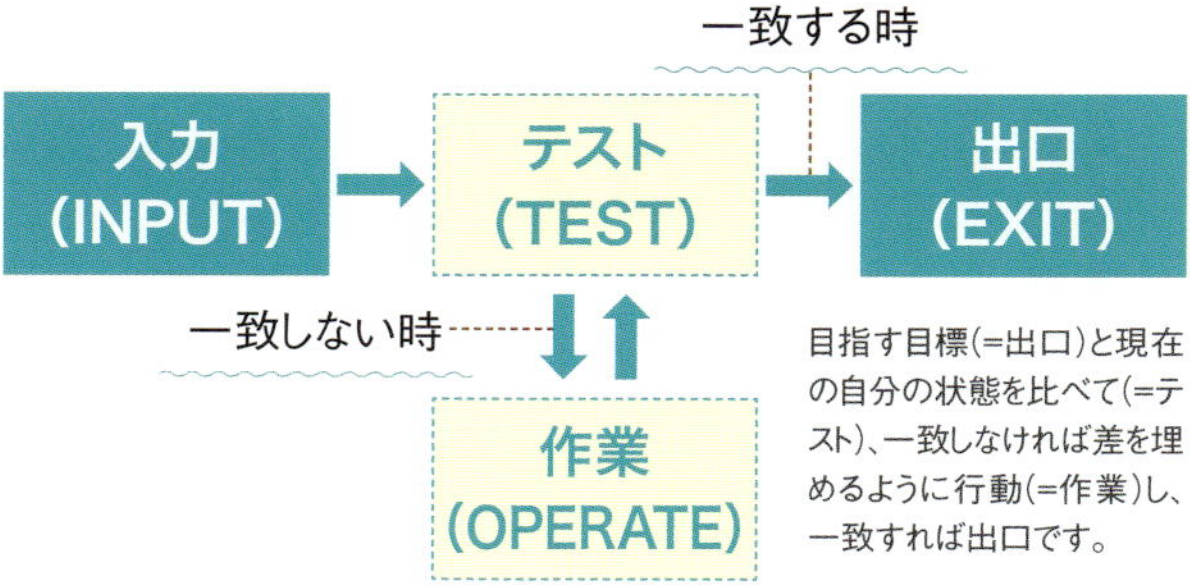

目指す目標(=出口)と現在の自分の状態を比べて(=テスト)、一致しなければ差を埋めるように行動(=作業)し、一致すれば出口です。

KEYWORD

【TOTE モデル】

TEST(検証)➡OPERATE(作業)➡TEST(検証)➡EXIT(出口)の略。ミラー、ギャランター、プリブラムが提唱した概念で、あらゆる行動を導くために用いられる基本的なフィードバックモデル。そこからEXITを高いところに設定するか、EXITを新たな入力と捉えることによる、拡張されたTOTEモデルもある。

ピンチの時こそ笑顔になることで切り抜けられる

笑顔になると能力がアップする

楽しいことがあると誰でも笑顔になり、そういう時は周りの世界もぱあっと明るく見えるものではないでしょうか。

ある研究によれば、そういった状態の時に集中力や学習能力、新しいアイディアを生み出す能力も上がるそうです。これらはすべて〝脳内物質〟の働きによるもので、ある特定の〝快〟を感じる脳内物質の放出によって、起こる現象です。

しかし、それだけではありません。逆もまた同様で、笑顔になると、脳内では〝快〟を感じる脳内物質が放出されるのです。ということは、笑顔になることで、集中力や各種能力がアップするというわけなのです。

笑顔を意識的に活用することで、ピンチを切り抜ける方法もあるのです。

ピンチの時こそ、笑顔になろうと意識することで、効率がアップしたり、アイディアがひらめくようになります。

悩みを断ち切る感覚の変え方

　ピンチの時に笑うなんて不謹慎だと思うかもしれません。しかし、ピンチだからといって小難しい顔で悩み続けたところで何か解決できるでしょうか。

　感覚は些細なことでも変わります。どれだけ怒っていても、何かのきっかけで笑ってしまったりすると、もう怒っていた感覚には戻れないのです。

　感覚を変えるにはちょっとしたきっかけがあれば十分です。出社時間を少し早くするとか、朝ちょっと散歩するなども感覚を変えるひとつの方法です。

いつもとほんの少し違うことをしてみましょう

早めに出社する

早朝に散歩する

深呼吸する

ピンチで心に余裕がなくなったり、悩みに打ちひしがれるような時は、ちょっとした工夫をして感覚を変えることで、気持ちをリフレッシュさせることができます。

成功に近づくスキル⑤　思いを言葉に

やりたいことを声に出してやる気をアップさせる

「～したい」で叶える自分の思い

誰かに「こうしなさい」「ああしなさい」と言われると、途端にやる気がなくなってしまう。そんな経験を誰でもお持ちでしょう。誰かに命令されて行動を促されるよりも、自分から積極的に行動する時のほうがモチベーションも高く、効率もよくなります。「私は～したい！」「やるんだ！」と言うことで、やる気はますます増幅します。

きちんと言葉にすることで、全身の細胞もそれに対応するモードに入ります。そして、達成したところまで五感を使ってすでに体験してしまえば、あとはもうスタートするだけです。

ただし、注意してほしいのは「私は～をしようと思う」という表現です。これは「～しようと思う」だけで、なかなか行動に移しにくいことが多いのです。

営業成績トップになるぞ！
ファミリーが気軽に入れるお店をオープンしたい！

自分のやりたいことはぜひ、「やりたい!」「やるぞ!」と声に出して宣言してください。

語尾を変化させて しっくりくる表現を探す

「〜したい」がしっくりくれば、実現したい思いがあるわけですが、語尾を変えることで感じ方が変わります。「〜したい」のほかに、「〜するつもりだ」「〜する必要がある」にもあてはめて、しっくりくるものを確かめるのもいいでしょう。「キャリアアップのために、英語を勉強したい」「キャリアアップのために、英語を勉強するつもりだ」「キャリアアップのために、英語を勉強する必要がある」のようにです。今の気持ちに合う表現がわかると、取るべき行動も明確になります。

語尾を変えることで 感覚が変わる

Let's Try!!

一番しっくりくる語尾表現を選ぼう

○○したい
「自己成長のために、転職したい」

○○するつもりだ
「自己成長のために、転職するつもりだ」

○○する必要がある
「自己成長のために、転職する必要がある」

しっくりくる形がわかると 「取るべき行動」が見えてくる

成功を実現する

成功はさらなる成功を呼ぶ

運は行動した人のところにやってくる

人に恵まれ、仕事に恵まれ、お金に恵まれる〝運のいい人〟がいます。しかし、これはけっしてふってわいた運などではなく、その人の思いや行動がよい形で戻ってきているだけで、ある意味必然です。バタフライ効果（※）のように、自分が起こした些細な行動がやがて大きな影響を起こし、それがいつか自分のところに返ってくるのです。

ひとつの成功が次の成功につながっている

「がんばってくれているから君に仕事をまかせるよ」
取引先
上司
「業績に貢献してくれてありがとう」
「新規プロジェクトメンバーに抜擢するよ」
先輩
後輩
彼女
「私も先輩みたいな社員を目指します」
「いつも応援してるよ！」

たくさんの成功を実現する人は、運がいいのではなく、きちんと行動している人。

※「北京で蝶が羽ばたくと、ニューヨークで嵐が起こる」といわれるように、些細な出来事がやがて大きな違いとなってあらわれるというカオス理論。

あとは一気に幸せに飛び込むだけ

成功して幸せになるのがこわいという人がいるかもしれません。成功すると、後でよくないことが起きるのではと不安になってしまうのでしょう。

しかし、それは役に立たないビリーフです。だって、真実ではないのですから。〝成功〟は〝さらなる成功〟を、〝幸せ〟は〝さらなる幸せ〟を呼び寄せることができるものです。

人が価値を置く代表的なものに〝愛〟〝貢献〟〝時間〟〝健康〟〝自由〟〝お金〟〝安らぎ〟〝家族〟〝パートナー〟などがありますが、それらの優先順位は人それぞれです。

あなたにとってどのような基準が満たされた時に成功や幸せにつながるのか、ぜひ書き出してみてください。

そして、上位5つほど見つけて、それに順位をつけてみてください。今度は、その順位を入れ替えてみたりしながら、自分に一番しっくりくるものを見つけましょう。

それが、今のあなたのアイデンティティであり、行動の指針となるものなのです。

Let's Try!!

価値を置くものの優先順位をつけてみよう

- 愛
- 貢献
- 時間
- 健康
- 自由
- お金
- 安らぎ
- 家族
- パートナー

価値を置くものの順番をつけたり、どのような基準が満たされると幸せや成功につながるのか整理してみてください。

夢は追いかけるのではなく迎え入れるもの

あなたの夢ってなんですか？
そもそも夢なんて持っても、叶いっこないと思う人もいるでしょう。
確かにそうかもしれません。
だって、あきらめた瞬間に実現の道が閉ざされてしまうから。

夢が見つからないという人もいるかしれません。
でも焦ることはありません。
だって、あなたは夢を持ちたいという夢を持っているのだから。

夢を実現させるためには、あらゆる決断をくだしていく必要があります。それは一瞬一瞬の〝決断〟です。そして、決断し続けることで、それは〝決意〟に変わります。こうなると、何かトラブルが起こりくじけそうになっても、夢に向かう自分を奮いたたせることができるようになります。

夢を叶えた時のことをすみずみまでイメージできるでしょうか。

何が見えて、何が聞こえて、何を感じますか。それを明確に感じ取れたなら、そこに至るまでに必要なことを確認してみましょう。それが目標です。

さあ、今からあなたは夢に向かって何をスタートさせますか。

夢を叶えるためには、あなたが自分で決断し、自分で行動を起こす以外、道は存在しません。

そうすることで、夢のほうからあなたを迎え入れてくれるのです。

──おわりに

私は、NLPトレーナーとして心がけていることがあります。
それはNLPは教えるものではなく伝えるものであるということです。

私自身、本書で紹介しているNLPの言語スキルを使いながら、そこにエスプリの効いた愛とユーモアのエッセンスをふりかけてNLPをお伝えしています。

それによって、私のセミナーやコースに参加される方たちは、NLPは学ぶものではなく身につけるものと感じていただけるようになります。

NLPの創始者であるリチャード・バンドラー博士のNLPは、今だに進化し続けています。

最近では量子力学や宇宙物理学の概念、さらには世界中の精神的指導者たちの共通項を見極めることでスキルを強化・発展させ、NLPを活用する人たちに、より有意義な変化をもたらしています。

NLPを使いこなすためには、その基本的なストラクチャー（構造）を理解することが必要かもしれません。
しかし、一から十まで同じ言葉がけ、同じ手順で学んだマニュアル通りのNLPでは、あらゆる個性にあふれた人々に対して柔軟に対応することはできません。

ですからこの本では、文章にしてしまうと硬直化しがちなNLPスキルの手順に重きを置きたくなかったのです。
また、どうしても紙面の都合で書ききれない部分や、実際に体感していただくことが不可能な部分もあります。

これらについてや、この本に紹介しきれなかったNLPの素晴らしい他のスキルについては、いつかどこかのセミナー会場で直接あなたとお目にかかった時にお伝えしましょう。
その時に、いったい何が起きてしまうのか想像できますか？

米国NLP協会認定トレーナー　加藤聖龍

著者プロフィール

加藤聖龍（かとう せいりゅう）

リチャード・バンドラー米国NLP協会認定トレーナー
バンドラー・ラインNLP公式日本オフィス「NLPミレニアムジャパン」理事

愛知県生まれ。NLPの本質をロジカルとクリエイティブという一見矛盾する見地から見事に融合調和させ、ユーモアと巧みな話術でわかりやすく伝えるセミナーには定評がある。デモセッションの卓越性とバンドラー催眠においてもトップクラスの実力を誇る。主な著書に『手にとるようにNLPがわかる本』『NLP会話力ノート』『一瞬で人の心を誘導する技術』（ともにかんき出版）、『一瞬で幸せがあふれ出す方法』（三笠書房）などがある。

SEEDS OF LIGHT　http://www.happy-sol.com
SOLのNLP　http://www.nlpsol.com
NLPミレニアムジャパン　http://www.nlp-jp.com

装丁イラスト　BIKKE
装丁デザイン　宮下ヨシヲ（サイフォン グラフィカ）
本文イラスト　鯱子（ORCA BABY）
本文デザイン　島村千代子
編集・制作　秋山久仁雄・中村彩（レクスプレス）・渡辺靖子（リベラル社）
編集人　伊藤光恵（リベラル社）

※本書は2013年に小社より発刊した『たった今から人生を変えるNLPの法則』を文庫化したものです

仕事や日常で使える7つの心理法則

2017年2月25日　初版

著　者　加 藤 聖 龍
発行者　隅 田 直 樹
発行所　株式会社 リベラル社
〒460-0008 名古屋市中区栄3-7-9 新鏡栄ビル8F
TEL 052-261-9101　FAX 052-261-9134　http://liberalsya.com
発　売　株式会社 星雲社
〒112-0005 東京都文京区水道1-3-30
TEL 03-3868-3275
印刷・製本　株式会社 チューエツ

ISBN978-4-434-23054-7
落丁・乱丁本は送料弊社負担にてお取り替えいたします。